《经典案例与写作解析》是上海大学悉尼工商学院案例教学研究与创新的辛勤成果,也是学院在案例写作方向的有益尝试,体现了悉尼工商学院案例写作的高标准。在此谨向参与编辑与出版工作的全体人员表示诚挚的感谢!

龚思怡

上海大学党委副书记、副校长

2019 年 7 月

序 一

上海大学悉尼工商学院成立于1994年,是国内成立最早、声誉卓著的中外合作商学院,合作方为澳大利亚悉尼科技大学(UTS)。学院依托合作双方大学的综合优势,积极引进海内外大学的优质教育资源,建立完善的质量保障体系,始终走在国内中外合作办学领域的前列,2006年被上海市教育委员会推荐为中外合作办学认证的首家试点单位,成为全国第一家通过国家教育评估机构质量认证并获得证书的中外合作学院。学院已经形成了以本科学历教育为核心,向硕士研究生教育和国际学生教育延伸的"一体两翼"办学格局。

为丰富教学模式、提高教学质量,成为国际现代高等商学教育的领先者,上海大学悉尼工商学院在"一体两翼"的办学格局下,充分发挥学院国际合作办学的优势,坚持推陈出新,潜心钻研适用于中国国情同时又与国际接轨的商科教育模式。上海大学悉尼工商学院致力于案例教学的研究,不断提高投入和支持的力度,积极调动学院教师的学术力量,大力推进教学案例的发掘和创新,为实际的教学与研究提供更多生动鲜活的案例。近年来,学院积极参加MPAcc案例大赛、IMA案例写作大赛等全国性的赛事,并不断有优秀案例入选中国管理案例共享中心、中国工商管理国际案例库、清华经管中国工商案例中心等国内知名案例库。

经典案例与写作解析

王立夏 张 楠 余 慧 编著

上海大学出版社
·上海·

图书在版编目(CIP)数据

经典案例与写作解析/王立夏,张楠,余慧编著.—上海:上海大学出版社,2019.9
ISBN 978-7-5671-3703-5

Ⅰ.①经… Ⅱ.①王… ②张… ③余… Ⅲ.①工商行政管理-教案(教育)-写作 Ⅳ.①F203.9

中国版本图书馆 CIP 数据核字(2019)第 198301 号

责任编辑　王悦生
封面设计　柯国富
技术编辑　金　鑫　钱宇坤

经典案例与写作解析

王立夏　张　楠　余　慧　编著

上海大学出版社出版发行
(上海市上大路99号　邮政编码200444)
(http://www.shupress.cn　发行热线 021-66135112)
出版人　戴骏豪

*

南京展望文化发展有限公司排版
上海华业装潢印刷厂有限公司　各地新华书店经销
开本 890mm×1240mm　1/32　印张 6.5　字数 145 千
2019 年 10 月第 1 版　2019 年 10 月第 1 次印刷
ISBN 978-7-5671-3703-5/F·187　定价 35.00 元

序 二

大学生是建设创新型社会和创新型国家的主力军,因此提高高等院校的教学质量不仅是衡量一个学校社会形象的重要尺度,而且关乎学校未来的发展前景,更是国家经济发展战略实施的关键所在,是一个国家和民族发展的希望。上海大学悉尼工商学院响应党中央和国务院关于建设创新型社会和创新型国家的号召,一直不断深入推进教学质量和教学改革的相关工作,贯彻执行党的教育方针,培养创新型人才。

学校教育的中心环节是教学,提高课堂教学质量是学校的生命线。课堂教学作为学校教学工作的中心环节和基本形式,是保证和提高教学质量的关键。传统的大学课堂教学内容陈旧滞后,教学方式固化,缺少有效的课堂互动,对学生的吸引力有限。只有将课堂教学与实际接轨,重视学生个性,提高课堂效率,才能提高高校人才培养的质量,实现培养 21 世纪创新型人才的目标。上海大学悉尼工商学院十分重视教学质量的提高和学生的需求,重新定位教师、学生功能,不断创新教学理念,构建适合时代发展需求的教学模式。

案例教学方式新颖,题材多样,与社会实际紧密接轨,有利于激发学生的发散思维与创新能力,也为学生实践所学知识提供了机会与平台。案例教学所具有的独特优势受到越来越多的关注,成为各大高等商科院校研究与发展的重点。如何实现教学质量的提高是各大高校正在探索的重要领域,《经典案例与写作解析》的撰写便是上海大学悉尼工商学院对于教学模式创新的进一步尝试与努力。本书对于今后案例教学的写作与实践具有重要的指导意义,特此感谢参与撰写与出版工作的全体人员!

胡笑寒

上海大学悉尼工商学院副院长

2019 年 7 月

前　言

案例教学主要运用在管理学、法学等学科。区别于传统的灌输式教学方式,案例教学通过模拟或重现现实生活中的一些场景,使学生获得身临其境的阅读体验,借助案例使用说明,通过研讨的方式深入剖析案例情景中的问题,发散思维,加深对所学知识的认知和实际运用能力。案例实际教学过程中可以结合案例情景,通过分析、比较、研究各个问题及可供选择的解决方法,综合考虑选择适用于实际情况的最优方案,并从中抽象出某些一般性的管理结论或管理原理,力求可以为其他企业的经营管理提供一定的借鉴和参考。在整个案例教学的过程中,学生通过自己的思考或小组讨论来实现多角度地认识和分析问题,拓宽视野,从而丰富自己的知识。案例教学的成功与否除了与教学老师本身的教学方法相关外,很大程度上取决于教学案例的质量,良好的教学案例可以达到事半功倍的效果。

本书案例是作者对已经入选中国管理案例共享中心、中国工商管理国际案例库、清华经管中国工商管理案例中心以及 IMA 管理会计案例写作大赛的案例进行的整理汇总和写作分析,关注中小企业管理中面临的热点问题,生动地展现了在"大众创业、万众创新"以及大学生创新创业的时代背景下,中小企业财务融资和战略转型等方面创新的多种可能性,希望可以启发读者,产生现实的参考价值。

　　本书与其他大多数案例集在内容安排与写作方法上不一样，并不是将众多不同题材公司的案例简单汇总和罗列，而是选择具有代表性的 A、B 两个公司作为案例基本背景，在背景描述的基础上，分别从战略、融资、财务、税务等视角进行多案例写作的创新与思考，最后进行相关的案例写作方法分析，进而使读者在了解和掌握案例基本写作思路的同时，提升挖掘案例素材并进行创新创作的能力。本书的主要内容框架包括：理论篇、实务篇和分析篇。

　　本书在写作和出版的过程中得到了上海大学校领导以及悉尼工商学院院领导和老师们的大力支持，特此感谢！

王立夏

上海大学悉尼工商学院博士生导师

2019 年 7 月

目 录

理 论 篇

第一章　教学案例写作方法与技巧 …………………………… 3
　第一节　如何认识教学案例 ……………………………… 3
　　一、教学案例简介 …………………………………… 3
　　二、教学案例的特征 ………………………………… 4
　第二节　教学案例的重要性 ……………………………… 6
　　一、教学案例的适用性 ……………………………… 6
　　二、教学案例的优点 ………………………………… 6
　第三节　教学案例的写作方法 …………………………… 9
　　一、教学案例的写作理论方法 ……………………… 9
　　二、教学案例的写作思路 …………………………… 11
　　三、教学案例撰写的规范 …………………………… 14
　第四节　教学案例写作中需要注意的问题 ……………… 18
　　一、要避免偏见 ……………………………………… 18
　　二、要避免陷入感情宣泄 …………………………… 19
　　三、要理清案例问题的目的、性质 ………………… 19
　　四、案例分析要适度、用词要精准、信息提供要适当
　　　　……………………………………………………… 20

实 务 篇

第二章　A 公司应用案例写作 ·················· 23

 第一节　A 公司案例相关背景介绍 ················ 23
  一、A 公司背景介绍 ······················· 23
  二、自动售货机行业背景 ····················· 24

 第二节　A 公司应用案例正文 ··················· 30
  一、A 公司战略方向的案例正文 ················· 30
  二、A 公司融资方向的案例正文 ················· 48
  三、A 公司税务方向的案例正文 ················· 62

 第三节　A 公司应用案例使用说明 ················· 71
  一、A 公司战略方向的案例使用说明 ··············· 71
  二、A 公司融资方向的案例使用说明 ··············· 79
  三、A 公司税务方向的案例使用说明 ··············· 98

第三章　B 公司应用案例写作 ·················· 107

 第一节　B 公司案例相关背景介绍 ················ 107
  一、家用电器行业背景 ····················· 107
  二、B 公司背景 ······················· 109
  三、B 公司的发展困境 ····················· 111

 第二节　B 公司应用案例正文 ··················· 113
  一、B 公司战略方向的案例正文 ················· 113
  二、B 公司融资方向的案例正文 ················· 121

 第三节　B 公司应用案例使用说明 ················· 128
  一、B 公司战略方向的案例使用说明 ··············· 128
  二、B 公司融资方向的案例使用说明 ··············· 144

分 析 篇

第四章 案例分析、题目设计与投稿指南 …………………… 165

  第一节 A公司案例分析 ……………………………………… 167

    一、A公司背景分析 ……………………………………… 167

    二、战略方向 ……………………………………………… 176

    三、融资方向 ……………………………………………… 178

    四、税务方向 ……………………………………………… 181

  第二节 B公司案例分析 ……………………………………… 182

    一、B公司背景分析 ……………………………………… 182

    二、B公司战略转型 ……………………………………… 184

    三、B公司融资方向 ……………………………………… 185

  第三节 教学案例题目的设计 ………………………………… 186

    一、题目设计吸人眼球 …………………………………… 186

    二、案例题目契合内容 …………………………………… 187

    三、案例题目长短适中 …………………………………… 188

  第四节 案例投稿指南 ………………………………………… 188

    一、案例正文 ……………………………………………… 188

    二、案例使用说明 ………………………………………… 189

    三、企业授权书 …………………………………………… 189

    四、作者授权书 …………………………………………… 189

参考文献 ……………………………………………………… 191

理 论 篇

第一章 教学案例写作方法与技巧

第一节 如何认识教学案例

一、教学案例简介

作为一种教学方法的案例研究,案例研究的用途很广泛,它既可以用于学术探索,整理撰写学术报告,又可以用作教学方法。案例教学方法是教学方式的一种创新。

用于教学目的的案例研究通常不需要完整地再现事件的实际发生过程,只要求构建教学研讨、辩论的框架。另外,教学案例的研究通常是单案例研究,一般不会涉及多案例研究。教学案例中,案例的研究材料通常是经过精心处理的,以便更有效地突出某一关键之处。案例教学是一种与众不同的教学方法,是基于案例为实证的实践教学。

教学案例描述的是教学实践,它以丰富的叙述形式,展示一些有关市场、行业、企业的典型事件、行为、思想。教学案例是对在教师的指导下,根据教学目的要求,组织学生进行调查、阅读、思考、分析、讨论和交流等活动的归纳;是对学生传授分析问题和解决问题的方法,进而提高学生分析问题和解决问题的能力,加深学生对基本原理和概念理解的一种特定教学方法、教学过程的总结。教学案例是真实而又典型且隐含某种或某类"问题"的教学事例,是一个包含有疑难问题的实际情境描述,是一个教学实践过程中的典型故事,描述的是教学过程中"意料之外,情理之中的事"。它讲述的是一个故事,叙述的是这个教学故事的产生、发展历程。教学案例是对含有问题的事件记录,必须包含有问题或疑难情境在内,并且也可能将解决问题的方法包含在内。正因为这一点,教学案例成了一种独特研究成果的表现形式。

二、教学案例的特征

教学案例一般由案例背景、案例描述、案例分析三个部分组成。教学案例通常具有以下四个特征:

1. 客观性

教学案例是写实的,是教学实践中具体事例的真实再现,有相对完整的教学情节。对事情发生的背景、教学活动的基本过程要客观地描述、如实地介绍,不能对教学活动作笼统的、概括的叙述,更不能歪曲事实真相。评析要实事求是,就事论理,从事实中引出道理,不能脱离事实而空发议论。案例来源于现实,又升华于现实,可以在现实的基础上基于研究目的做一些拓展,但不能脱离现实。

2. 典型性

教学案例通常包含一个或几个疑难问题,以及对这些问题的思考和解决方法,案例本身反映的热点、焦点具有较强的代表性,体现教学现象与本质、个性与共性的统一,具有揭示教学内在规律的典型性,能从中总结出带有普遍意义的结论,从而更好地指导教学实践。

3. 创新性

基础教育正处在转变教学思想、转变教师角色、转变教学方式、推进课程改革的新时代。教学案例反映课改的新情况、新问题、新理念、新方法、新变化、新成果,揭示教学改革的新特点、新走向,从而启示人们开拓新思路、新策略,推动课改健康、深入地发展。

4. 实用性

教学案例要叙述清楚而又有情节,语言朴实而又生动,内容平实而又耐人寻味,可读性强。教学案例要具有现实意义、借鉴作用和探讨价值,能激起教师效仿,学习遇到类似事件如何应对的策略,能启发教师思考,从中吸取有益的教学思想和经验教训,促进教师专业水平的不断提升。

近几年来,教学案例已经被广泛使用,并达到了很好的效果。与其他教学方法相比,案例教学通常要经过事先周密的策划和准备,要使用特定的案例并指导学生提前阅读,要组织学生开展讨论,反复地互动与交流;并且,案例教学一般要结合一定理论,通过各种信息、知识、经验、观点的碰撞来达到启示理论和启迪思维的目的。在案例教学中,所使用的案例既不是编出来讲道理的故事,也不是写出来阐明事实的事例,而是为了达成明确的教学目的,基于一定的事实而编写的故事,它在用于课堂讨论和分析之后会使学生有所收获,从而提高学生分析问题和解决问题的能力。

第二节　教学案例的重要性

一、教学案例的适用性

案例教学，是一种开放式、互动式的新型教学方法。在课程教学中使用案例教学的方法，要选择适合的教学案例。所有的教学案例都是为一定的教学目的而编写的，选择案例时一定要考虑案例编写者的着眼点。有的案例着眼于方案设计和选择，有的案例着眼于过程推理，有的案例着眼于人物线索，有的案例着眼于故事情节，不同的着眼点反映了编写者不同的意图，服务于不同的教学目的，自然也会带来不同的教学效果。选择案例还要注意所选案例的问题意识、理论背景、写作风格和篇幅长短。案例教学的目标是启发学生对现实问题的思考、辩论和进一步探索，基于问题、探索问题是这种教学方法的核心特点，而案例中所富含的鲜明、强烈和错综复杂的问题意识则是引发学生争论与思考的出发点。不同主题的案例强调不同的理论背景，也体现不同的理论要求。有的教学案例旨在应用某些理论观点来进行判断或决策，有的则用以阐述某些理论的应用价值，有的要质疑某些理论并引导学生发散性地反思，有的则重在给予学生一定理论思考的空间来激发各种闪光的思想，等等。另外，不同教学案例的写作风格迥异，篇幅长短不同，在教学中的适用有很大差别，也是使用时需要注意的。

二、教学案例的优点

教学案例对传统教学方法、科研交流都有很大的借鉴意义，总的来说有以下四大优点：

1. 鼓励学生独立思考

传统的教学只告诉学生怎么去做，其内容可能在实践中并不实用，且非常乏味无趣，这在一定程度上损害了学生的学习积极性和学习效果。但案例教学并没有明确地给出问题的解决方法，而是引导学生去思考、去创造，使得原本枯燥乏味的教学内容变得生动活泼。并且案例教学的讨论阶段，每位学生都要就自己和他人的方案发表见解。通过这种经验的交流，一是可以取长补短、促进人际交流能力的提高；二是起到一种激励的效果，学生间相互学习、共同进步。

2. 引导学生变注重知识为注重能力

管理者知道具备知识不等于具有能力，知识应该转化为实践的能力。管理的本身是重实践重效益，学生一味地通过学习书本的死知识而忽视实际能力的培养，这对自身的发展有着巨大的障碍。教学案例正是为此而生、为此而发展的。

3. 重视双向交流

传统的教学方法是老师讲、学生听，实际教学效果要到最后测试时才可能知道。在案例教学中，学生拿到案例后，先要进行消化，然后查阅各种他认为必要的理论知识，这无形中加深了学生对知识的理解，而且是学生主动进行的。捕捉这些理论知识后，学生还要经过缜密的思考，提出解决问题的方案，这一步应视为能力上的升华。同时学生的答案要求教师给以引导，这也促使教师加深对案例的思考，根据不同学生的不同理解补充新的教学内容。这种双向的教学形式对教师也提出了更高的要求。

4. 促进科研成果交流共享

教学案例是教学情境的故事,不同的人对故事会有不同的解读,因此教学案例十分适于用来进行交流和研讨,可以成为教研活动和教师培训的有效载体。教学案例集中反映了教师在教学活动中遇到的问题、矛盾和困惑,以及由此产生的想法、思路、对策等,就这些问题和想法开展交流讨论,对教师提高分析能力和业务水平是非常有益的。与撰写论文相比,教学案例更适合一般教师的需要。教学案例的内容贴近实际,材料来源丰富,写作形式自由,易于传播交流,更为广大教师喜闻乐见。学校和教师可以根据教改实际情况,确定一定阶段内的讨论主题,围绕某个主题或专题收集材料,撰写案例,交流研讨,同时结合有关理论学习和实践反思,使教研活动更具有针对性和实效性。在教学中开展叙事研究,对教学中的亮点或困惑进行理性反思,使之成为教学案例。教学案例以书面形式反映教师的教学经历,以叙事展示理念,不仅是教师成就与成长的记录,也是教师叙事行动研究的产物——科研成果。由于教学案例主题鲜明、内容具体、形式活泼、以事论理,焕发出耐人寻味的魅力,给人以身临其境之感,易于学习和理解,因而,受到广大教师的青睐。许多学校组织教师对教学案例进行交流、讨论与共享,已成为开展校本培训、校本教研的一种新形式。教师团队围绕交流的载体——与主题相关的某个特定教学案例,相互切磋、合作互动,不仅有利于启迪教师以批判的眼光重新打量自己日常的教学,矫正自己的教学行为,并把教学案例中的闪光点转化为自身发展的资源和动力,引发教学创新;而且有利于培育教师的团队精神,形成相互探讨、彼此学习的教研之风,使新见解不断涌现,新思路不断形成。总之,教学案例科研成果的交流与共享,定能促进广大教师教学能力的提高和专业的发展。

第三节　教学案例的写作方法

本书主要针对的是用于教学的案例研究,案例的主体事件是基于真实发生的故事,是对已发生的教学过程的反映,体现的是一种教学结果。教学案例与通常所说的教学实录比较相近,它们都是对教学情境的描述,教学实录是有闻必录,而案例则是有所选择的。至于怎样选择,则要根据教学目的与案例撰写的功能来决定了。

通常情况下,教学案例从整体上大致可以分为两类:一是描述型案例。这种教学案例要求案例作者必须完整介绍并描述某一事件或问题的决策及发展全过程,并且有现成的方案,而案例使用者则对决策过程及结果进行评价。该种教学案例侧重于让学生了解某一具体问题的完整性,启发学生思考相关理论知识的特点,引导学生掌握相关问题的理论分析思路。二是决策型案例。这种案例主要是提出具体待解决的问题,并且营造出决策的基本要素和情境,引导案例使用者去分析,提供能够解决问题的对策。该种教学案例侧重于引导学生利用理论知识对不同的决策方案进行具体分析,探讨解决问题的最佳路径。

一、教学案例的写作理论方法

在撰写教学案例的过程中,从写作技巧的理论方法来看,主要有教学案例设计的逻辑、教学案例资料的分析、案例研究材料的分析三个策略。

1. 教学案例设计的逻辑

在教学案例的撰写过程中,需要考虑的是案例设计的逻辑,即案例撰写的形式,例如对话展开式、小组讨论式、故事叙述式、插入片段式等。具体来说,首先需要根据教学目标确定案例主题,明确教学案例需要回答的问题——"是什么""为什么""怎么样",虽然问题的形式大多集中于"什么人""什么事",但撰写的时候必须要考虑到教学问题的实质,不应该在确定教学目标上受挫。第一步,检索教学主题的关键词,借鉴已有的文献资料,选择一到两个较好的话题,此时不需要考虑到问题的具体研究;第二步,认真思考这些关键性话题对教学课题的启示,比如,这个教学主题有没有相关的争议研究,这些争议有没有带出新的问题,就这些有异议的地方有没有可能成为教学的切入点,这种切入点也会使教学主题更加深刻,有利于激发学生的思考和想象;第三步,阅读类似教学主题的相关案例研究以及其他科学成果,这些资料可能会为教学案例的撰写提供新的支持,也可以使教学案例的设计更加清晰。

另一个对确定案例的教学设计具有重要影响的因素就是明确教学相关的理论知识,确定与教学主题相关的课题研究。这部分主要考虑的是"为什么"的话题,确定所选取的教学案例设计思路是否揭示了你所要研究的教学问题。此过程需要考虑教学理论和案例研究设计能否有效结合,根据这些背景可以提出哪些探索性问题,如何解释这些问题,如何界定这些教学问题的检验标准。比如可以考虑到学生回答的可能性,坚定案例的主题针对标准,或者是搜集跟案例主题相反的解释,用作将来研究以及对教学案例问题的解释。

2. 教学案例材料的收集

教学案例材料搜集分析的过程中,必须具备相关的技能。第一,优秀的教学案例能够提出很好的问题,并对理论知识和答案进行合理解释;第二,优秀的案例充当的角色是一个客观的倾听者,不会被作者本有的思维方式和先入之见束缚;第三,案例撰写者应具有适应性和弹性,保证在遇到新问题的时候,能够化问题为机遇、化挑战为动力,能牢牢抓住教学案例所研究问题的本质,剔除无关信息,将整个案例的撰写限定在可控制范围之内。在着手开发案例之前,建议搜索一下案例库中是否有相似主题的案例。如果案例开发内容涉及法律法规方面的内容,注意法律法规变化可能带来的影响。开发案例需要时间保障,在教学案例的撰写过程中,搜集的材料就显得尤为重要,是案例选题和思路发散的源泉。

3. 教学案例材料的分析

教学案例材料的分析,主要是指案例使用说明部分的问题,在提出探索性问题的时候,要有针对性,即引导学生结合理论依据、案例背景,给出合理分析。撰写教学答案参考时,我们可以确立基本的观点,结合理论知识,降低潜在分析难度,然后根据案例材料,给出合理解释。在辩证分析的过程中,也可以根据案例的具体问题,进行相应的解释。

二、教学案例的写作思路

教学案例的写作,从写作思路来看,主要从三个方面展开:

1. 立主题

案例写作前,需要明确教学案例的目的,案例教学是为了反映一种理念,明白一个道理,理解一个概念,学到一些策略。因而,教学案例也要有主题。所谓主题,就是教学事例所表达的基本思想,它直接关系到教学案例的成败与价值。一般而言,主题是教学事例本身所具有的丰富信息。主题的确立,是作者对教学事例中所蕴含的新理念与新策略提炼的结果。由此可见,教学事例本身的价值,决定教学案例的生命,事例的选取极其重要。为此,我们要筛选并采用那些教师和学生关注的热点与焦点问题,蕴含有新理念与新策略的、耐人寻味的事例,提炼出正确、集中、鲜明、深刻的主题,结合理论知识,深入实践,从而达到教学目的。

2. 择类型

确立了主题后,就要对案例的类型进行定型思考。这里的定型就是指在写作前,依据事例的数量与性质,确定选用哪种类型的教学案例。余文森教授说:"关于某一节课或某一教学片段的具体反思,使之成为一份具体的教学案例(可称之为教学叙事)。"从目前刊物上发表的教学案例看,大致有如下四种类型:

(1) 单一片段型:一般是一个具体生动的教学片段与评析,反映一种新的教学理念,这类案例内容单一,短小深刻。

(2) 对比片段型:一般是同一个教学内容,由两种不同教法的教学片段与评析组成,在比较中倡导新理念、新策略,这类案例对比鲜明,发人深省。

(3) 课时综合型:一般是由一节课中各具特点的几个教学亮点与评析组成,反映了一节课教学进程中不同的教学内容与策略,这类案例内容丰富,综合性强。

(4) 专题解读型:一般是围绕一个专题,由三四个不同的教学策略的案例与评析组成,对某一新理念做较为全面的解读。这类案例主题突出,策略多样。

随着教学案例写作的兴起与发展,必将有多种多样的案例类型被创造出来。

3. 定形式

教学案例的内容是多样的,形式为内容服务,其形式也应是多样的。然而,教学案例的形式虽然多样化,但也有其共同的表现形式,可以说"形式无定规,大体有常规"。案例的具体形式虽不一而足,但基本案例写作都包括标题、背景、正文、教后反思。总的来说,教学案例普遍都有醒目的标题,案例正文通常分为背景、事例发展、事例结果三个部分,背景通常放在最前面进行说明。案例写作遵从结构要素写作方法,具体从如下四个部分展开:

(1)案例标题。标题是教学案例的眼睛,是对教学案例内容或主题的揭示。一个好的标题,常常会起到画龙点睛的作用,能引起人们阅读的兴趣,并使人对教学案例内容或主题有个基本的了解。标题有单一式和复合式两类:单一式标题,只有一句话或一个短语,表达一种理念,做出一个判断,体现一种策略,说明一个道理,概括一种情景,提出一个问题,点明一个内容;复合式标题是指除主标题外,还有副标题——对正标题的内容加以说明、补充或限制。

(2)背景。这里的背景通常是指要交代清楚教学目的——教学案例是应用于何种情形的,以便于读者更好地理解教学案例的主题。在交代背景时提供围绕主题需要讨论分析的问题,以及涉及的相关的理论依据。

(3)案例正文。案例写作是教学案例的主体部分,这一部分主要交代案例事件的发生,事情的来龙去脉,围绕主题恰当取舍,实事求是,要求写作语言朴实、简练,同时围绕与主题相关的细节进行具体描述。掌握了这些案例主体部分的写作技巧后，案例的写作还需要素材的积累、典型事例的感悟以及教学方法的创新。从教学案例的现实写作情况来看，难点在于如何选择典型事例，一方面是教师在运用新理念开展教学的过程中，没有养成反思的习惯；另一方面是教师在教学过程中不善于点拨，不能培养学生的发散思维，不能挖掘教学素材的亮点，进而无法创新。教学案例写作的素材积累来源于生活实践和课堂创新理念的结合。在撰写案例的过程中，要充分考虑到为学生创造自由对话的平台，学生的讨论发言过程很重要，能够锻炼学生的逻辑思维，在学生的自主探究过程中，老师要善于点拨引导，做学生的思维向导。在案例正文的结尾，要注意与引言部分的呼应，可以采用带有些文学气息的写法，在结尾部分留下思考的空间或者以问题的形式结尾，这些问题直接就是启发思考题，或者与启发思考题相关的引问。

（4）教后反思。这点尤其重要，写作案例时，教师要思考如何更好地调动学生的积极性，使之参与到课堂讨论中。同时，思考教学过程中怎样设计案例思考题目，将课本理论与教学实践联系在一起；平时在教学过程中，有哪些教学细节需要注意；如何衡量教学满意度，达到理想的教学效果；教学时长的设计；学生感兴趣的知识点；讨论过程中发言的闪光点——这些都是教案设计的依据可以借鉴的地方。

三、教学案例撰写的规范

教学案例除了写作思路外，案例撰写的规范也是必须要注意的问题。

案例是一种独特的文体，有着自身独特的风格和规范要求，从出版的案例写作来看，大致形成了一些形式上的规范。

1. 教学案例写作时态规范

案例的写作一般采用过去时态描写，这主要是考虑到案例的撰写来源于教学实践，是已经发生的事情，同时教学案例的写作是优秀的教学事例，有值得引用、反思和借鉴的地方。

2. 教学案例写作行文规范

在案例行文的时候，尽量用表格来表示有关材料，将所有可用表格形式表示的资料制表列出，这一来是为了行文活泼，二来是为了便于读者明确把握有关事实。案例事实要反映充分，与案例相关的主体事实应该被客观反映，案例正文中不应包括作者本人的观点，如果要写其他人的观点和看法，应当在案例中注明其为某某人的观点，而不得作为事实来加以报告。必要时列出实际采取的决策，案例反映的是一个个的问题情境，在案例中列入当事人实际做出的决策常常可以增加案例的趣味，并帮助学生澄清有关思想。在案例的撰写过程中，应当注明所引用材料的出处，核对有关数据，案例中列举出的所有数据都应该经过仔细核对，保持准确。为了便于核对，可以在案例底稿和初稿上详细标明资料出处，它应该比正式出版或发表的文本中标明的资料出处更为详细。另外，案例中出现的表格、图表、其他格式化的制表或地图都可以作为案例中的附表。这些附表应按其在案例中出现的顺序依次编号。在每一附表的下面都应标明材料的出处。不属于案例有机组成部分的材料，或因篇幅过长不宜列入正文的材料，可载于附录之中。附录通常以字母或数字标示，如附录1或附录A。

3. 教学案例内容规范

在案例撰写过程中，还要注意内容上的规范。一是时间结构，案例总是发生在特定的时间背景的，案例作者必须要对案例中事件发生的时间顺序有相当明确的认识，可以依据时间先后来组织材料。虽然有的时候出于某种考虑，要打破时间顺序，例如，为了提高读者的兴趣，有时会在案例开头先讲一件实际上是后来才发生的事情，但作者必须对事件发生顺序和案例的时间结构非常清楚。二是叙述结构，对于所发生的事情，必须要以一种易于理解的方式来叙述，事件从哪里开始，有什么结果等，换句话说，案例的故事要娓娓道来。三是说明结构，案例的写作要从学生的接受能力出发，把有关情景向学生讲清楚。叙述结构和说明结构有时并不是同一回事情，满足了叙述结构的要求，并不见得也能满足说明结构的要求。相对于身临其境的学校管理者或教师来说，对学生进行的交代就要尽可能地具体一些，以便于他们掌握事实。四是情节结构，为了使案例变得活灵活现，让学生忘掉它是人为的，就必须加强戏剧性，设置悬念。曾有研究者就此谈道："许多年来，我们习惯于使用这样一个简单的说法，即案例必须有一个争论焦点，案例里必须有某某人应该做什么，某某已经做了什么，谁应该对目前的局势负责，就具体情况而言什么是最佳决策等内容。但是，案例不应是没有矛盾的白开水。案例总是涉及某种类型的一个问题，你越是能够强化这一点，越是能够激发人们的兴趣或增加思想冲突乃至人的冲突的戏剧性，你就越能使学生投身于案例之中，搞好课堂讨论。"

4. 案例分析策略写作规范

除了形式和内容的规范外，教学案例的撰写还应包括教学案例的分析策略,即阐述如何使用教学案例。这里的教学分析策略主要介绍的是案例的使用方法,一个优秀的教学案例针对不同人群应该如何设计研究方案,教学案例所涉及的知识点如何更科学地穿插到理论教学中去,引导学生去思考研究案例,我们需要对案例的使用和课堂教学时间进行合理的安排,这是撰写教学案例分析策略的精髓所在。

首先,在教学案例的撰写过程中,教学案例的使用方法要紧紧围绕教学目的展开。为了达到理想的教学效果,通常在这部分可以先做一个简要概述,介绍案例事件的发展路线,突出解释案例的矛盾所在,引导学生主动参与案例研究,在考虑教学目的的把握时,可以提取案例中的关键词来把握理论教学。

其次,在案例分析策略的撰写过程中,需要考虑到教学过程中理论知识的背景介绍、问题的分析思路等。在分析策略的撰写中,主要考虑到学生研究讨论案例的时候,围绕着案例决策问题的焦点,可以采用角色扮演的教学方法,让学生更加深刻地体会到实践教学的意义。与此同时,相关理论知识的撰写则能帮助学生更好地理解教学背景与案例主题,考虑到具体的分析思路以及方法的展开,课堂期间可以采用分组学习的方式,布置相关的思考讨论题,逐步分析案例,引导学生用理论知识解决实际问题,在课堂上听取学生的思考意见,实现学生与学生,学生与老师的双向交流。

最后,在教学案例的分析策略撰写过程中,需要阐述分析案例的思路,提供一些可供参考的答案,并进行相关知识点的总结,概括教学案例的目的,提高整体教学质量。这要求我们的案例使用说明与我们的案例正文不能脱节,启发性思考题必须起到很好的连接作用,引导学生通过已掌握的理论知识对案例的材料进行分析,在这个过程中,要保证在进行案例分析时,所需要的材料在案例正文中都可以找得到。即案例正文中隐藏着故事情节的发展(即情节线),案例使用说明中主要是应用理论知识来分析案例,达到灵活应用理论知识的目的(即知识线)。

考虑到教学过程中的一些不可控因素,撰写教学案例时还需设想学生上课时可能的不同反应,并做出具体的可变的教学策略,紧紧围绕教学目的展开。成功的案例是经过教学实证的,取得的教学效果应该被如实记录,针对已取得的教学效果,可以提出相关的改进措施,同时应注意,如何讲授这个案例,也是取得教学成功的关键。

第四节　教学案例写作中需要注意的问题

教学案例写作中,还要注意四个方面的问题:

一、要避免偏见

在案例写作时,每一位教师要注意正视自身存在的一些偏见。由于成长经历与生活阅历的不同,在每个人的心灵深处,有时难免会形成对一定事物或人的固定认识,这种认识有的是合理的,有的则是不合理的。在案例写作中,注意到这些态度、价值观的存在,既有助于澄清问题所产生的根源,也有助于读者把握问题涉及的多种不同因素。

二、要避免陷入感情宣泄

案例虽然要反映当事人的真实情感,但不能陷于感情的宣泄。案例围绕一定的事件展开,写作者往往是事件的当事人,这样,他一方面选择对自己情感有触动的事件作为素材,另一方面有时也会不由自主地大肆渲染这种感情,使案例的问题重心转移到个人情感的层面上去。为了维护案例的权威性,案例写作者的客观态度是十分重要的,如欲尽可能地避免写作者的偏见及陷入感情的宣泄,可使用下列技巧:

- 使用从有关论著、文件或自己所做的采访中得到的直接引语;
- 注明资料来源;
- 避免任何偏见和同情情绪;
- 所使用的语言,既不是单调乏味的叙述,又不致激起强烈的感情;
- 尽可能使用事实性材料;
- 按事件发生的顺序进行报道,保持前后一致;
- 不仅列入所发生的事件,而且写进当事人对这些事件的看法;
- 可以在案例的开头或结尾写下案例作者的评论,这样可以指明案例的基本论点或问题,以便于学生分析。

三、要理清案例问题的目的、性质

在案例写作中,要理清案例问题的目的、案例问题的性质是什么,是关于教学策略还是学生行为,如何基于现有的教学经验经过细节加工处理变成一篇好的文章。这个问题看上去容易，实际处理起来就会遇到各种各样的困难，也许写作的出发点是围绕一个教学课题、一种教学方法写一篇案例，但在写作过程中，纷至沓来的信息可能让你意识到原有的出发点正悄然发生着变化，随后整个教学案例的框架结构也会发生改变，想要表达的内容、想要取得的教学效果也会和原有的设想有所差别。

四、案例分析要适度、用词要精准、信息提供要适当

案例正文的主要功能是提供分析所需要的全部素材，而案例分析是读者的工作，案例正文当中尽量不要分担应由读者分担的分析工作，否则可能减少案例可以给读者带来的价值。当然，如果开发者认为案例可能给读者带来的分析工作量过大，也可以在正文当中进行一些分析。在进行案例的撰写时，尽可能避免使用模糊的词汇，如"今年""近两年"等表达。另外，在撰写时，要去除一些不必要的信息，如一些不必要的案例企业展示图片及文字介绍等，注重案例正文情节线的发展描述，为后续案例提供分析材料，并使之可以在案例使用说明的启发思考题中得到运用。

实务篇

第二章 A 公司应用案例写作

第一节 A 公司案例相关背景介绍

一、A 公司背景介绍

A 公司成立于 2015 年,业务网点遍及长三角、珠三角、环渤海、中原、西南等重要经济带,通过了 ISO9001:2008 国际质量认证体系,是"江苏省质量诚信 AAA 企业""江苏省名牌企业"。至今,A 公司已陆续在全国各地设有多家分支机构,拥有自动售货机数千台,成为自动售货机行业的领军企业。

A 公司的经营范围很广,包括:预包装食品的零售;道路普通运输,自动售货机租赁、销售;非实物形式的食品销售管理;办公用品、通信器材、机电设备、工艺礼品、日用品的销售;计算机及自动售货机软硬件研发、销售;电子设备研发、销售;商务管理咨询,展览展示服务,货物及技术的进出口业务。但 A 公司的主要业务是通过在全国各地人流量大的地方如车站、广场、学校等地放置自动售货机,然后通过所放置的自动售货机销售以饮品为主的各类食品产品,并进一步地通过所放置的自动售货机提供一些如手机充电、积分兑换等现代增值服务。

A公司现有员工100多人,并一直崇尚"服务至上、诚信务实、团结创新、追求卓越"的价值观,努力为员工提供优厚、合理、有竞争力的薪资和福利待遇,关注员工成长,重视员工培训,实行职业生涯发展规划,并为员工营造公平的竞争环境。

二、自动售货机行业背景

(一)国内自动售货机行业分析

自动售货机1999年便开始进入中国市场。然而,十多年前投资商鉴于我国较低的劳动力成本,并且考虑到经营环境和人们思维观念等因素的影响,绝大多数投资商都选择开便利店进行人工售货。因此国内自动售货机行业在最初的五六年里发展较为缓慢。2006年至今,受强势走高的劳动力成本及店铺租金的影响,可以节省人力成本的自动售货机开始得到更多人的关注。2015年,李总也瞄准了自动售货机这一市场商机,在江苏省创办了A公司。国内的自动售货机业务在2013年以前主要以饮料食品销售为主,机身平面广告为主要的增值业务。2013年后,友宝、米源等运营商大力推动国内自动售货机向智能化转型,但基于"互联网+售货机"发展的增值业务仍处在探索阶段。

目前,国内的自动售货机行业是一个正处于蓬勃发展的朝阳产业。该产业链主要由以下三部分组成:

(1)设备供应商。目前,国内的自动售货机生产商并不多,主要有大连富士冰山、青岛澳柯玛、杭州以勒等,这些设备供应商之间竞争激烈,往往获得一个企业的订单就会给供应商带来巨大的收益。同时,科技研发水平也决定了设备供应商之间竞争的优劣。

(2)产品供应商。产品供应商主要是指以饮品为主的日用品供应商,目前国内自动售货机销售的饮品品牌主要有康师傅、统一、可口可乐等,这些品牌饮品的供应商众多,企业间竞争激烈,但价格差异不大。近几年,一些自动售货机运营商也开始自主研发生产新型饮品以此谋取更为丰厚的市场利润。

(3)自动售货机运营商。自动售货机运营商如北京的友宝、上海的米源等,A公司的营业性质也属于自动售货机运营商。这些企业从设备、产品供应商那里购入机器设备和各类饮品,将自动售货机放置于满足人流量大要求的固定点位,并提供后续的饮品补给,收入主要来源于买卖自动售货机与饮品所获取的差价。自动售货机运营商经营的特点是市场营销推广方面资金投入需求较大,获取外部客户、抢占优质市场点位成为企业持续发展的关键因素,企业间优质市场点位竞争十分激烈。

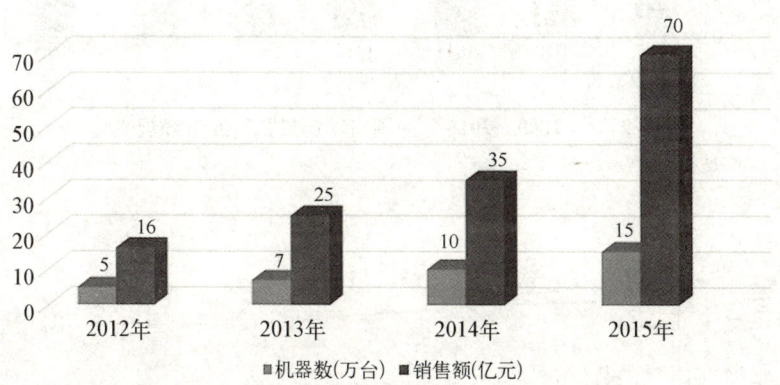

图 2-1 中国自动售货机行业近年的发展情况

数据来源:北京中怡康时代市场研究有限公司

由图 2-1 可见,在 2012—2015 年这四年的时间里,国内自动售货机业务在饮品销售额和机器数方面均取得较大数量的增长。国内的自动售货机拥有量于2015年达到约15万台,饮品销售额约为70亿元,预计到2016年底,中国的自动售货机拥有量将达20万台,但相对于我国13亿多的人口而言,这些数字并不理想。中国自动售货机专业委员会基于这些历史数据对中国内地自动售货机应用市场做出的预测是:当国内自动售货机行业到达成熟期时,自动售货机机器数量将有约300万台,与此同时,饮品销售额将达到1 000亿元之巨,这是一个十分庞大的数字,届时中国的自动售货机行业将迎来一个新的春天。

图2-2　2009—2015年中国自动售货机行业市场规模

数据来源:智研咨询

图2-3　2009—2015年中国自动售货机行业价格走势

数据来源:智研咨询

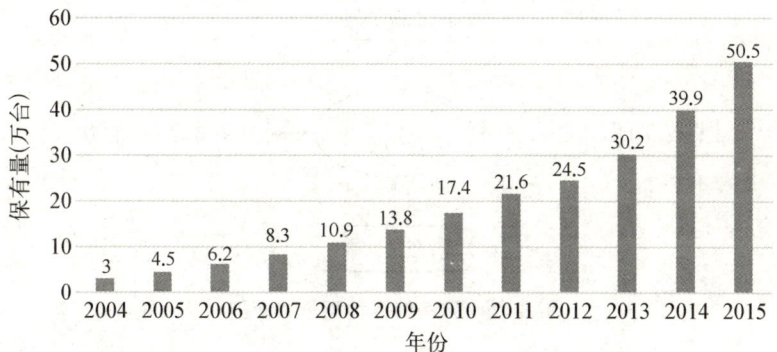

图 2-4 2004—2015 年中国自动售货机保有量情况

数据来源：智研咨询

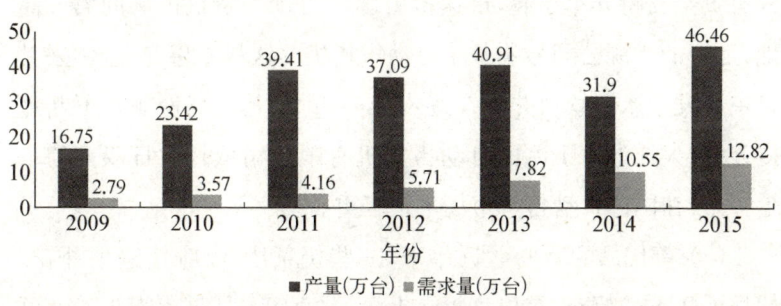

图 2-5 2009—2015 年中国自动售货机行业供需情况

数据来源：智研咨询

由中国自动售货机行业市场相关数据图（图 2-2 至图 2-5）可见，2009—2015 年，我国自动售货机行业市场规模在不断地发展壮大，在 7 年内实现了将近 4 倍的增长。同时，因为生产技艺的改进、规模经济等原因使得自动售货机的市场单价逐步下降。中国市场自动售货机保有量增长速度惊人，但仍存在供需失衡情况。

国内自动售货机市场的五力模型分析：

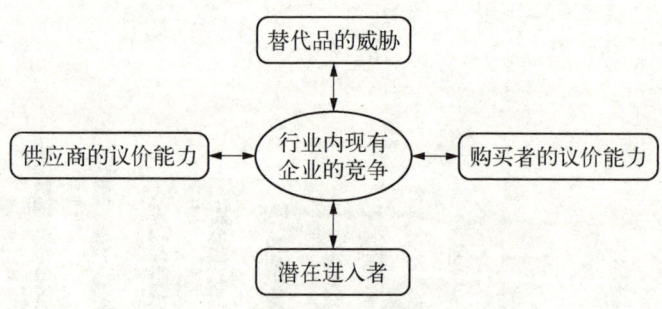

图 2-6　波特的五种竞争力模型

（1）国内同行业竞争对手的竞争激烈。北京的友宝公司与其他自动售货机企业相比,虽创立时间较晚,但起步快,依靠强大的外有资金支持异军突起,迅速抢占国内自动售货机市场的第一高地;上海的米源公司号称基于自动售货机的饮料零售商,近年来其自主开发了米源饮料并正在逐步推向市场,其市场份额在不断地提升中;大连的富士冰山自动售货机有限公司依托中日双方的卓越实力,在国内自动售货市场举足轻重。

（2）替代品的威胁。近年来,一些奶茶店、咖啡馆遍地开花,如都可(Coco)奶茶、星巴克等在上海、北京等一线城市街头随处可见,由于其产品新鲜、品种多、服务态度好,成了自动售货机的替代品。与此同时,国内网购和外卖行业发展势头迅猛,使得自动售货机的便利属性也大打折扣,这给国内自动售货机行业的进一步发展带来较大的挑战。

（3）购买者的议价能力。虽然自动售货机节约了租金、人工成本,但是其商品价格与中小运营商、网络店铺等销售的商品价格相比,价格优势越来越不明显。消费者在选择购买方案时有较高的自主性,因此当自动售货机商品价格较高时,便会失去部分潜在客户,影响最终的销售量和收益。

(4)供应商的议价能力。由于目前国内大多数自动售货机企业的机器与产品均不是自行生产的,因此相关供应商的议价能力直接影响着企业的成本。自动售货机行业的供应商主要分为机器供应商和商品供应商。在机器供应商方面,由于机器价格占原始成本的比重大,因此机器供应商的议价能力较强;在商品供应商方面,由于消费者在自动售货机与实体店之间的购买转换成本较低,自动售货机里的商品价格对顾客的消费选择有很大的影响,因此,商品供应商的要价对自动售货企业最终的销售量与收益有较大的影响,商品供应商的议价能力也较强。总的来说,这两种供应商的议价能力都对自动售货企业的经营发展有关键影响作用。

(5)潜在进入者。目前,不仅国内一些知名饮品企业如农夫山泉等正在进军自动售货机行业,而且更为先进、智能化的日本、美国设计生产的自动售货机也将引入中国市场,抢占中国市场份额,潜在进入者会给目前中国市场上已有的自动售货机企业带来较大的竞争威胁。

(二)美、日自动售货机行业现状

与中国相比,1962年便已经出现以自动售货机为主体的流通领域革命的美国与日本,它们的自动售货机市场的发展居世界领先水平。目前,美国多达10 800家的自动售货机运营商中,绝大多数都具有与大食品商、大饮料商的合作经验;日本已经拥有2 000多种机型的自动售货机、6 000多种自动售货机售卖的商品。图2-7显示了中、美、日三国自动售货机行业发展现状,相比于美、日成熟的市场,虽然现阶段中国的自动售货机台均消费人数最多,但人均营业额却是最低的,这意味着国内的自动售货机行业还拥有着巨大的发展潜能等待着被挖掘。与此同时,"无店铺销售"已经被正式纳入国家级产业发展战略,而自动售货则是"无店铺销售"的一种重要形式。自动售货机的周边业务也如雨后春笋般繁荣发展,例如:在线充值与缴费服务、零钱兑换服务与自动售货机的 IT 平台相结合等。由此可见,国内自动售货机业的发展已步入正轨,相信在不久的将来,中国自动售货机行业可以发展成为一个巨大的产业。

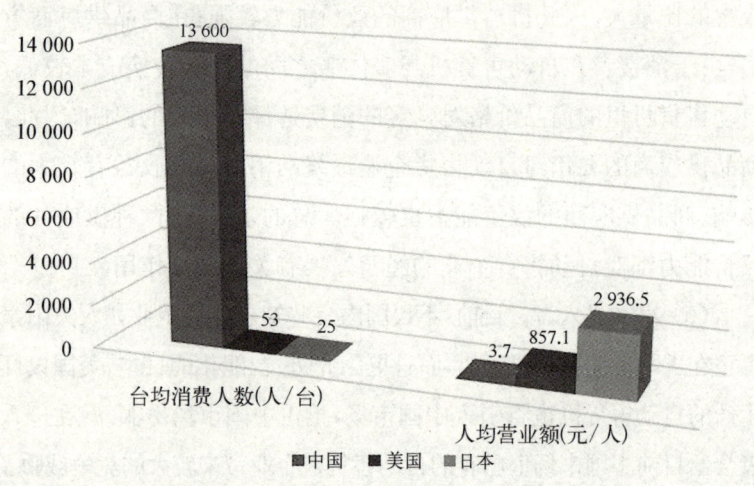

图 2-7 中、美、日自动售货机行业现状对比及国内市场潜力
数据来源:美国自动售货机行业协会行业网

第二节 A 公司应用案例正文

一、A 公司战略方向的案例正文

大学生创业:自动售货机行业的别样天地

摘要:在"大众创业、万众创新"的时代背景下,初出茅庐的大学毕业生小李在学校和政策的帮助下走上创业

之路。小李将创业的方向定位在自动售货机市场,近年来,国内自动售货机市场发展迅猛,但在激烈的市场竞争下,缺乏管理经验和足够资金支持的小李团队面临着一系列的难题,小李创业团队的当务之急就是进行适当的战略创新,为企业的生存与发展谋求更多的机会。本案例分析了目前国内自动售货机行业的发展现状,判断眼下自动售货机运营商面临的机遇与挑战,记录了大学生创业者小李为突破自身发展瓶颈所进行的市场点位扩张、业务模式创新、战略模式探索方面的战略转型。

关键词:战略转型;自动售货机;点位扩张;业务模式

0 引言

2015年6月,又是一年毕业季。上海某大学的学生就业工作指导老师正在准备学校这一届毕业生的毕业情况统计工作,老师写道:出国留学学生人数占总数18%,国内读研学生人数占总数21%,直接就业学生人数占总数59%,而剩下的2%的学生则是选择了自主创业。"哎,虽然说国家和学校都是鼓励学生自主创业的,可是说起来简单做起来难,也不知道这些选择创业的学生会面临什么问题,自主创业哪有那么简单?"就业指导老师拿着选择自主创业的学生名单,忧心忡忡地说道。

老师的担心不无道理,这不,位于选择自主创业学生名单第一位的小李正焦急地坐在租赁的临时会议室里,在场的还有小李的四位大学同学,大家正在讨论今后创业的发展方向。虽然小李团队的定位是自动售货机运营商,自动售货市场也拥有良好的发展前景，但面对同行业已经成熟的竞争对手，缺乏企业管理经验、资金有限的小李团队如何与之抗衡，分得属于自己的一勺羹呢？道阻且长，在激烈的市场竞争中，面对市场营销效率低下、资金短缺、科研力量薄弱等一系列问题，小李团队的当务之急就是进行适当的战略转型，为企业的生存与发展谋求更多的机会。那么，目前国内自动售货机行业的发展现状究竟是怎样的呢？眼下小李团队面临着哪些机遇与挑战？小李团队为突破发展瓶颈又将怎样进行战略转型？小李团队将如何实现市场点位扩张和业务模式创新？

1 创业背景——说干就干的大学生们

2014年9月秋招开始，已经是大四学生的小李和众多同学一样，拿着简历开始奔波于各个企业的宣讲会和校园面试。因为自身的专业是国际经济与贸易，于是小李最初的求职岗位主要定位在财务、关务和咨询行业。小李本身在校期间学习成绩优异，曾多次获得学校奖学金，并担任学院学生会会长一职，优秀的小李很快就从众多同学中脱颖而出，成功拿到了"四大行"和多家知名银行的offer。小李最终选择了一家知名的会计师事务所，并早早地进入公司开始了自己的实习生涯。然而已经在事务所实习了两个月的小李对自己的未来感到愈加的迷惘，整天处理财务报表，和数字打交道，小李感到这只是简单地套用之前所学的财务知识，并没有机会真正锻炼自己的实干能力，他想起自己的偶像阿里巴巴创始人马云说过的一句话："你才20多岁，你可以成为一切你想成为的人。""是啊，我还年轻，为什么不去闯一闯呢？看看自己究竟能做成些什么事情？"小李毅然辞去了事务所令人羡慕的工作，转身投入大学生创业的浪潮中。

小李联系到之前一起参加市里大学生创业比赛同组的几位同学，说出了自己想要自主创业的想法，其他同学听到小李辞去事务所工作选择创业的时候不免大吃一惊，放着稳定的工作不干，为什么要去冒这个险呢？小李耐心地解释自己的想法："在现实生活中我们或许也只能按部就班地工作，这不是我想要的，我们每个人都有很多的想法，为什么不趁着年轻去尝试一下、拼搏一下，何况国家政府和学校都是鼓励我们大学生自主创业的，也为我们提供了良好的平台。青春无悔，我们应该利用这个机会，去做一些我们真正想要做的事情。"慢慢地，其他四位同学都被小李说服了，这四位同学分别是市场营销专业的小张，机械制造专业的小王，计算机专业的小徐和小刘。他们创业的方向与之前参加市里创业比赛的选题相同，即自动售货机行业。说干就干，小李他们马上起草创业计划书，上报给学校，成功获得政府扶持的创业资金，在江苏省昆山市租赁了厂房，成立了A公司。

2 A公司竞争态势分析

2.1 A公司的主要竞争对手

在众多的自动售货机运营商中，友宝、米源是A公司目前面临的主要竞争对手。

友宝公司成立于2010年，根据其在新三板挂牌后披露的信息显示，目前友宝已开拓五个业务大区（华北—北京、华东—上海、华中—武汉、华南—广州、西南—成都），拥有近30家分公司，辐射中国大部分地区。目前友宝的总装机数量超过20万台，获3轮融资，总额6亿元，如表2-1显示，友宝已然跃升为中国最大自动售货机运营商。友宝有着强大的投资背景和管理团队，具备互联网

DNA,友宝在无线互联网的广阔前景,才是其核心价值。未来的友宝,不仅仅是大型饮料、食品零售渠道,更会成为O2O、互动式营销的主战场。

表 2-1 友宝融资历程表(截至 2015 年 7 月 30 日)

融资时间	金额	轮次	投资机构(个人)
2011 年 1 月	500 万(元)	天使	沈国军/季琦
2011 年 12 月	1 000 万(美元)	A	汉能/风和投资
2012 年 6 月	数千万(美元)	B	云峰基金
2015 年 7 月	5.3 亿(元)	C	凯雷投资

资料来源:根据亿欧网 O2O 产业图谱资料整理

上海米源饮料有限公司成立于 2003 年,总部位于上海市浦东新区。根据其网站信息及作者实地拜访得知,米源秉持"服务为先导"的宗旨,以高效、热情、诚信为标准,深入了解客户需求,量身定制贴身服务,是一家国内领先的自动售货机专业运营服务商。目前,米源饮料服务遍及全国 20 个省市近百个城市(参见附录1),运营自动售货机超过 15 000 台,为超过 7 000 家客户、近千万消费者提供专业智能化零售服务系统。

A 公司与友宝、米源的现状差异主要体现在以下几个方面:

(1) 融资方面,友宝、米源先后有投资人投资,而 A 公司的融资渠道仅限于银行贷款和融资租赁,扩展速度明显不足;并且,A 公司将一大部分资金用于购买土地、建造厂房,而友宝、米源均是租赁办公楼,这使得 A 公司的运营资金也低于友宝和米源。

(2) 市场点位方面,友宝、米源的点位主要集中在学校和企业,A 公司的点位则主要分布在工厂;点位数量规模上,A 公司与友宝、米源相比也存在着较大的差距。

（3）在IT平台领域，友宝、米源居行业领先地位，而A公司的IT平台只完成了部分功能模块，还需要开发新的功能并进行整合。

（4）经营模式方面，友宝主要通过提高佣金和返利吸引更多的加盟商，米源则是自主研发生产米源饮料以谋取更大的市场利润，而A公司目前仅仅局限于传统的出售、出租自动售货机业务，A公司的增值业务还处于起步阶段。

2.2　A公司自身面临的发展瓶颈

虽然国内的自动售货机行业具有可观的发展前景，但由于自动售货机行业的特殊性，企业若想谋得长远发展，快速抢占市场点位、放置更多的自动售货机就显得尤为重要了。但是，作为初创企业、缺少市场经验的A公司止步不前，A公司自身暴露的问题也越来越多。

A公司面临的发展瓶颈主要包括以下五个方面：

（1）资金短缺阻碍加盟之路。友宝依托巨大的外部融资迅速成为行业第一，其拓展市场的主要方式就是通过高额的返利吸引中小运营商加盟。A公司由于投资了厂房等固定资产，银行融资数额有限，运营资金短缺。显然，对于缺少资金支持的A公司来说，做加盟的方式根本行不通。

（2）缺少人才开拓市场。A公司现有的市场营销模式主要是业务员的关系营销，即主要通过营销团队的社会关系来拉客户、拓展点位。但是近年来由于老业务员的社会关系基本用尽，使得该种市场营销方式效率低下。A公司想要进一步扩展点位，必须招聘新的业务员，发展新的关系营销网络。但是以A公司目前的状况来看，吸引人才的加入着实困难。运营资金短缺也导致A公司在招聘新员工方面捉襟见肘。

(3) 原有点位被抢夺。屋漏偏逢连夜雨，A公司不仅缺少有效的方式去开发新的市场点位，就连其原有的部分点位也被同行业的竞争者通过更加优惠的佣金挖走，A公司现在的处境不容乐观。

(4) 运输资源利用效率不高。由于目前A公司市场点位数量规模有限，导致单位运输成本高，运输资源利用效率不足。

(5) A公司对媒体广告商吸引力不足。由于A公司的自动售货机点位主要分布在工厂，而工厂的人员相对固定，并且工厂工人大部分来自外省市，流动性不大，因此相比于点位大都集中在学校、社区的友宝和米源，A公司难以实现最大限度采用媒体资源提高增值服务。

基于以上对A公司的分析可以看出，若A公司再固守旧的发展模式必然会失去更多的发展机会，被竞争对手越甩越远，A公司采取适当的战略转型已经刻不容缓。

3　A公司面临的发展机会

推进"大众创业、万众创新"，是发展的动力之源，也是富民之道、公平之计、强国之策。2015年中央经济工作会议明确提出，坚持深入实施创新驱动发展战略，推进大众创业、万众创新，依靠改革创新加快新动能成长和传统动能改造提升。

"大众创业、万众创新"的目的是推动经济良好发展。李克强总理说："打造大众创业、万众创新和增加公共产品、公共服务'双引擎'，推动发展调速不减势、量增质更优，实现中国经济提质增效升级。"一方面，只有通过万众创新才能创造出更多的新技术、新产品和新市场，也就才能提高经济发展的质量和效益；另一方面，只有通过大众创业增加更多的市场主体，才能增加市场的动力、活力和竞争力,从而成为经济发展的内在源动力引擎。

"大众创业"与"万众创新"是相互支撑和相互促进的关系。一方面,只有"大众"勇敢地创业才能激发、带动和促进"万众"关注创新、思考创新和实践创新,也只有"大众"创业的市场主体才能创造更多的创新欲求、创新投入和创新探索;另一方面,只有在"万众"创新的基础上才可能有"大众"愿意创业、能够创业、创得成业,从某种角度来讲,只有包含"创新"的创业才算是真正的"创业",这种创业才有潜力和希望。

A公司也应顺应时代潮流的趋势,在"大众创业、万众创新"的时代背景下,进行自身战略管理方案的革新,谋求企业新的生机。虽然A公司目前正处于瓶颈期,但仍有不小的发展机会:

(1) 近几年来,广大消费者对自动售货机的认知、接受水平和使用频率都在稳步上升,同时,随着中国劳动力成本和店铺租金的升高,将有越来越多的企业、社区、工厂、学校选择以自动售货的方式代替人工售货,未来对自动售货机的需求和投资将大大增加。

(2) 自动售货机的周边产业发展迅猛,比如:在线充值服务、缴费服务、零钱兑换服务等增值业务与自动售货机IT平台的结合,这为A公司自动售货机自身功能的研发与业务的扩展提供新的选择和发展方向。

(3) 目前各大自动售货机运营商的业务网点主要集中在东南沿海城市,在内陆的二、三线城市基本还未涉足。因此,对于A公司来说,属于自动售货机空白区的二、三线城市还有较广阔的市场可待开发。

由此,A公司及时把握市场动态,抓住一切可以利用的机会,为自身的发展创造更多的可能,并基于如何突破自身的发展瓶颈为目标,进行了如下三个方面的战略转型:市场点位扩展模式的转型、业务模式的转型、探索新的战略模式。

4 A公司的战略转型

4.1 市场点位扩展模式的转型

传统自动售货机行业的市场点位的拓展往往是依托业务员挖掘市场潜在投资者,当业务员社会关系消耗殆尽时,这种关系营销方式的效果就会大打折扣,此时就需要新的资金投入来招聘新的业务员。自动售货机行业另一种扩展点位的方式就是通过提高佣金、拉高返利吸引更多的加盟商,这种方式极大地提升了点位拓展的速度和效率,但要求自动售货机运营商拥有充足的资金支持,并不适用于经济实力一般的企业。可以看出,以上两种市场点位扩展方式对于资金短缺、实力相对薄弱的A公司而言都存在着实施方面的困难。由此,A公司借助外部力量,进行市场点位扩张方面的转型。

4.1.1 A公司与通路快建的合作

上海通路快建网络服务外包有限公司,简称通路快建,是全球领先的商机孵化与速配平台,致力于通过互联网、呼叫中心、商业门店、专业顾问的服务体系,为企业客户提供招商外包、渠道盈利咨询、电商分销外包、精准招商推广、营销托管等服务。在响应中央"大众创业、万众创新"的号召下,通路快建为每年新增的2 000万投资者提供品牌商机速配、投资保障、创业帮扶、经营培训一站式服务(参见附录2)。通路快建独特的商业模式和创新的产品和服务,引发了中国市场销售渠道建设的新革命。

对A公司而言在互联网平台、车站、高速公路等处投放广告的传统营销方式投入成本大,且对客户群体的针对性不强,最终起到的宣传效果并不理想。相比之下,通路快建是在合作企业取得一定的市场收益后才收取相应的费用,其宣传效果可以得到保障。由此A公司与通路快建建立合作关系,依托通路快建的信息资源平台,迅速广泛地传播A公司的招商信息,寻求潜在的市场投资者,突破自身业务员拓展市场的低效瓶颈。

4.1.2 银行担保贷款吸引小型初创企业

借助国家"大众创业、万众创新"政策的东风,A公司开发了与市场潜在投资者合作的新模式。市场上存在着这样一批潜在急切的大众创业者,他们手头资金有限,同时又没有具体的投资目标,缺乏投资项目的经营经验,并且风险承受能力比较有限。于是,A公司与这些大众投资者合作,一方面将铺设自动售货机点位包装成一个创业投资项目,另一方面又与银行进行合作,为这些创业者提供相应的创业资金支持。即由大众创业者成立小型公司,在A公司提供担保的前提下,由合作银行对这些小型公司提供小额贷款(一般就是信用卡的授信额度),然后小型公司将自身所投资金加上所获得的银行贷款向A公司购买自动售货机,并放置于通过自身资源所找到的市场点位,最后由A公司统一对该市场点位的自动售货机进行产品配送,由创业者与A公司对该点位所获得的销售收入按确定比例进行分成。由于小型初创企业无需自主经营自动售货机,根据市场点位历史数据的估算,对小型初创企业来说,和A公司的合作基本上是无风险的。而对于A公司来说,该项目将银行贷款资金化整为零,A公司获得了可观的资金支持,相当于实现了间接融资,解决了公司资金短缺的难题。与此同时,A公司与顾客之间的关系由之前的被动推销产品变为了创业投资者自己主动找上门来与A公司合作,因此A公司的市场点位拓展速度可以得到较大的提升。

4.2 业务模式的转型——广告新媒体与大数据的营销方式

4.2.1 增值业务的进一步开拓

在进一步完善自动售货机商品零售业务的基础上,个性化、多样化的增值业务的开拓也将使A公司在众多自动售货机运营商中脱颖而出。传统的自动售货机的媒体功能主要有平面广告和视频广告等,在信息科技高度发达的当下,单向传达商品信息的媒体营销方式已经无法吸引需求更加多样化的消费者了。因此,A公司将自动售货机增值业务的研发重点放在了交互式多媒体方面。为提高增值业务针对目标消费者的准确性,A公司坚持在不同的应用场景开发不同的增值业务。如今,A公司正在推广的增值业务主要有针对年轻受众的游戏分发和互动体验功能,这类功能主要投放于商场、学校和社区网点;以及主要开展于商区、社区的商用WiFi、商品派发、关注有礼和积分兑换的增值业务等。其中的关注有礼活动已取得初步的成功,A公司与丝贝兰面膜合作,打通了A公司智能的微信后台与丝贝兰面膜的客服平台,消费者通过扫描A公司智能终端上的二维码即可免费领取面膜,并同时成为丝贝兰和A公司的粉丝(参见附录3)。通过该项活动的举行,A公司与丝贝兰都收获了广大的线上会员,掌握了消费者的第一手信息,这些线上的数据信息通过专业化处理将具有巨大的商业价值,为企业和品牌今后的宣传推广奠定了良好的基础。

A公司通过关注有礼等增值业务积累的大量数据对确定品牌的成长空间和品牌的优先发力点至关重要,这影响着A公司下一步的战略制定。来源于众多顾客的个体信息被归纳与整合,得出群体的需求、习惯和消费特征，使得 A 公司得以改善自身的经营方式，更好地提高用户体验的满意度。与此同时，A 公司将大数据营销的重点放在了市场营销的方向与预算方面，确定企业真正的着力点，修正现有的营销策略，优化营销的执行力，让有限的营销成本获得最大的营销效果。

4.2.2 多元化社交平台的转型

A 公司正在充分调动自身研发团队的潜能，在自动售货机上添加社交平台的相关功能，进行自动售货机广告新媒体功能的进一步研发。如：对于投放在社区的机器，A 公司选择在机身屏幕上显示社区业务的相关通知，替代社区的 LED 显示屏播放关爱老人、弘扬邻里互助的相关图片、文字和视频等；对于投放在学校的机器，A 公司则在机身屏幕投放学校教务处的各项通知，建立学生展示自我的平台等；对于投放在公司的机器，A 公司在机身屏幕上投放公司的宣传视频，让自动售货机成为展示企业文化的一个窗口；而对于投放在工厂的机器，A 公司则将自动售货机的社交平台进一步扩展，满足工人之间找寻同乡、交友的需求。通过社交平台的构建，使得自动售货机在原始出售商品功能的基础上，满足消费者更加多样化的需求，增加了 A 公司在同行业的竞争优势，将为 A 公司吸引更多的投资者。

4.3 探索新的战略模式——抓住特殊机会

4.3.1 A 公司积分兑换平台的构建

近年来，上海市政府为鼓励中小创业企业的发展，推出一系列的优惠政策和众多创业机会。A 公司应充分利用政府提供的平台，实现自身的战略转型。目前，A 公司正在着手与上海市政府、光明乳业、中国银行上海分行等多家企业合作构建积分兑换平台

(参见附录4)。该积分兑换平台主要用于支持移动、电信、银行等商家的积分礼品兑换,顾客可以通过自动售货机看到自身积分所对应的礼品实物,如文具、零食等日常用品,这些礼品的金额较小,实际可操作性大。不仅局限于商家积分的礼品兑换,A公司的积分兑换平台还为上海市"垃圾分类"积分提供了解决方案,市民通过进行垃圾分类、回收废旧电池等环保行为获得社区积分平台的兑奖码,之后便可在A公司智能终端上领取相应的奖品,并成为A公司的会员。积分兑换的方法有效提高了市民参与垃圾分类的积极性,并有望在上海以外的其他地区进行推广。与此同时,积分兑换平台项目使得A公司能够以较低的成本获取上海中高端社区点位,占领增值业务的制高点。

4.3.2 支持残疾人创业项目

A公司不仅可以利用政府搭建的平台实现企业自身的发展,更应承担起企业的社会责任,为社会贡献自己的一份力量。A公司通过上海残联的担保,以优惠的价格将机器出售给拥有部分劳动能力的残疾人士,帮助他们自主创业,解决残疾人的就业和生活来源问题。与此同时,A公司能够以较低的成本进入上海各级子市场,提高了企业在同行业内的竞争力。

4.3.3 与上海迪士尼合作的契机

随着上海迪士尼的盛大开园,迅速带动了周边产业的发展,这为A公司的发展提供了新的契机。A公司目前获得了进驻迪士尼乐园的机会,A公司将免费出机器为客户提供购物、指南等服务,同时,A公司能够借助迪士尼乐园广阔的平台向游客展示A公司形象,获取商品销售和各种增值业务合作的机会。

通过以上战略转型试水,半年来,A公司的铺机数量大幅上升,营业额也呈现稳步增长的状态,似乎一切都在朝着好的方向发展。但这些战略转型能否最终帮助A公司解决市场点位拓展缓慢的难题,突破融资难、运营资金短缺的瓶颈,并实现弯道超车,推进A公司二次创业的实现?这些战略究竟能否持续有效?在实施过程中又会遇到哪些难题?这些问题或许只能通过后续的实践来回答,但可以肯定的是A公司未来发展的可能性更多了,让我们拭目以待!

附录1 米源饮料(部分)

功夫可乐 可乐型汽水

- 规格:330ml
- 保质期:12个月

功夫源于中国,可乐闻名世界,独创中国特色的功夫可乐,中西融合,完美诠释张扬活力。惊鸿一瞥,突破自我。霸气、魅力、自信的气质,爆发激爽口感,日复一日给你愉悦的心境,改变自我,迎接更为精彩的世界。鲜活年轻充满动力,创新独具,个性张扬,激情夏日激发冰爽冲击,畅快淋漓,快乐共享。

霈林 清爽柠檬味汽水

- 规格:330ml
- 保质期:12个月

夏日畅快清爽宜人,年轻活力,瞬间激发。贴近都市年轻人的喜好,追求个性化,给人耳目一新的清新享受,在炎炎夏日绽放激情。

溑宝 橙味汽水

- 规格:330ml
- 保质期:12个月
- 果汁含量:≥10%

纯真童年,如香橙般甜美清香。气泡与橙味互相碰撞,甜蜜唾手可得,尽享果味,欢畅分享。真正的童真味,米源为你独家定制!溑宝,即将开启内心的童真之旅。

MY GO运动饮料

- 规格:600ml
- 保质期:12个月

MYGO运动饮料根据运动时生理消耗的特点而配制,可以有针对性地补充运动时丢失的营养,起到保持、提高运动能力,加速运动后疲劳消除的作用。含丰富电解质,能迅速被人体吸收,并能在人体内保留较长时间,适合于运动、劳动、沐浴及起床后饮用。炎炎夏日,让身体冲破闷热,焕发自在动力,带给身体充沛活力。清爽口感激发你无限活力!

樱花蜜桃茶

- 规格：500ml
- 保质期：12个月
- 果汁含量：≥ 5%
- 樱花天然提取物以及蜜桃的天然果汁，更赋予产品天然的特殊香气，清爽的口感贴近自然味道，给您带来独特的舌尖体验。优雅的瓶身、温暖而理性的桃色及清新口感，无一不传递着米源饮品提倡的品味生活品牌理念。

冰薄柠萌茶

- 规格：500ml
- 保质期：12个月
- 新鲜柠檬的酸爽，薄荷般冰凉口感，都完美地融合于醇香的红茶中，饮品在沁凉透爽，酸甜可口的味觉中透着淡淡茶香。跳跃质感的视觉色彩，强烈表达着健康青春的夏日气息。

小清C柠檬风味水

- 规格：500ml
- 保质期：12个月
- 添加蜂蜜及进口柠檬汁
- 健康的蜂蜜加入柠檬水中，带出酸酸甜甜的丰富口感，清香气味令人心情愉悦。柠檬水富含维生素C，口味与健康并重。瓶身包装自然素雅，给人亲切感，在炎热的夏日里带来一股清新。

金刚KINGK

- 规格：250ml
- 保质期：18个月
- 富有能量的功能性饮料
- 混合水果风味口感饱满，色泽光鲜亮丽。内含丰富维生素B6和维生素B12，补充身体所需微量元素及矿物质，提升身体活力，促进新陈代谢，强化身体素质。金刚黑罐带来震撼力量，给您充分活力和自信。

飞漾 营养素饮料

- 规格：600ml
- 保质期：12个月
- 添加维生素B6、维生素C、烟酰胺，补充水分同时提高身体活力。独有的青柠口味，清爽宜人，丰富你的味蕾。累了来一瓶，补充能量，唤醒活力。以合理的组合方式给身体补充所需的能量物质。热情、散发活力，畅快享受健康生活。

优淳 饮用纯净水

- 规格：560ml
- 保质期：12个月
- 源自大自然优质水源，健康解渴，即时补充人体流失水份。得到自然庇护的优淳饮用纯净水，采用物理反渗透水处理技术，去除水中的杂质及有害金属，对健康相当有益。

桂圆莲子八宝粥

- 规格：360g
- 保质期：24个月
- 精选原料，品质尚佳，健康营养又美味。香甜桂圆，软糯莲子，丰富美味，真材实料，悉心熬制，科学配比。入口细腻，口感醇厚。自然健康的搭配，随时一罐，享受清甜润口的八宝粥。

经典奶茶

- 规格：310ml
- 保质期：12个月
- 醇正原味，经典搭配，牛奶与红茶的完美融合。红茶提神醒脑，芳香解腻，与牛奶完美结合的醇香奶茶，淡淡麦香融合在奶茶中，带来润滑美味的口感。低脂肪，营养美味。四季皆宜，夏季冰镇，冬季暖饮，口味更佳。

第二章　A公司应用案例写作　　45

花生牛奶 复合蛋白饮料
- 规格：240ml
- 保质期：12个月
- 蛋白质含量：不低于1.0%
- 花生蛋白贡献率不低于35%
- 复合型蛋白更添双倍香浓，丰富的营养、细腻的口感，老少皆宜，更符合现代人追求健康品质的生活理念。花生与牛奶的完美结合，既保留了植物蛋白与动物蛋白的营养配比，同时又以其特有的香滑口感带来味觉上的非凡体验！是追求品质生活人群的首选。

意式浓香拿铁
- 规格：180ml
- 保质期：12个月
- 源自于意大利的经典搭配，咖啡中注入纯粹的奶香，品味这交融的极致之作，仿佛品味着生活。精选咖啡原料，采用黄金配比，具有比一般咖啡更纯粹的浓、醇、香，浓郁香醇的情怀里包容着心灵，包容着情感。

茶园悠悠 冰红茶
- 规格：500ml
- 保质期：12个月
- 冰镇舒畅，茶香浓郁，cool爽来袭，激发年轻活力。将柠檬汁融入红茶，清新自在，茶味悠长，冰红茶中添加维生素C，满满维生C正能量。冰镇后畅饮，更是痛快淋漓，年轻好享受！

茶园悠悠 青梅绿茶
- 规格：500ml
- 保质期：12个月
- 青梅的酸甜，搭配绿茶的自然风味，舒爽解渴，茶香浓郁。添加真正的青梅汁，萃取天然优质绿茶，酸甜舒爽，沁入心脾，天然绿茶与青梅汁的完美结合，带来味蕾的新享受，解渴更健康。

资料来源：米源饮料官网

附录2　通路快建官网首页

资料来源：通路快建官网

附录3　消费者积极参与A公司关注有礼活动的现场

资料来源：A公司官网

附录4　A公司积分兑换平台体验现场

资料来源：A公司官网

附录5 大学生整体创业动机相关数据统计

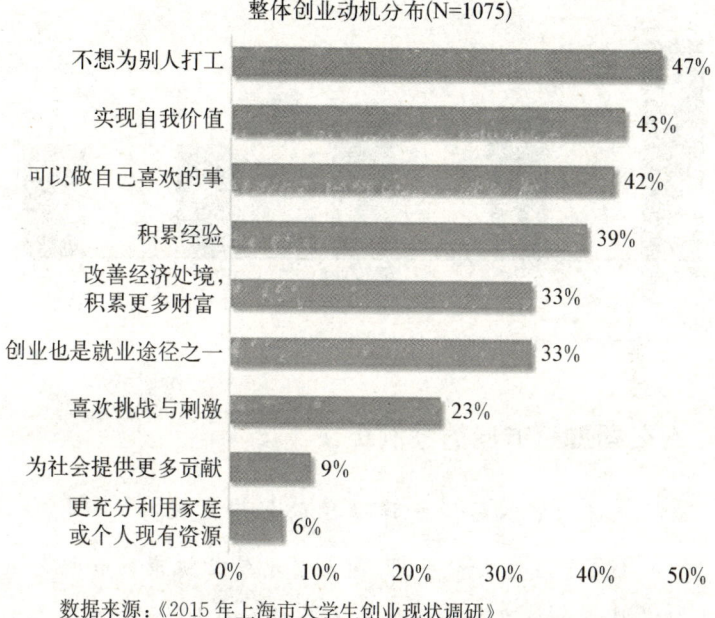

数据来源：《2015年上海市大学生创业现状调研》

附录6 2015届毕业生半年内自主创业最集中行业

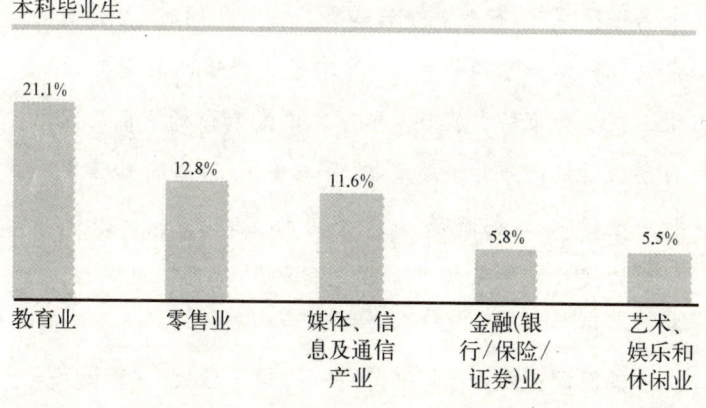

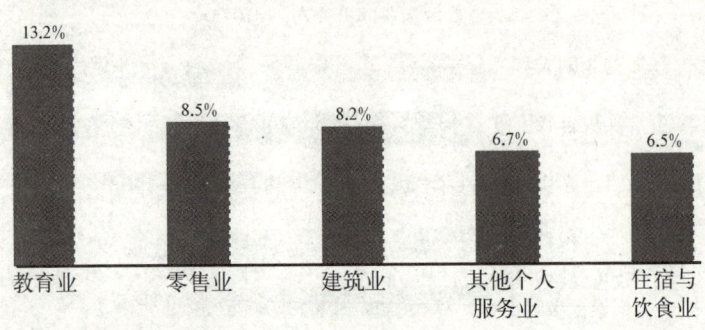

数据来源：搜狐新闻

二、A公司融资方向的案例正文

A公司：另辟蹊径的融资之路

摘要：在过去十年间，国内自动售货机市场取得飞速发展。A公司在创办初始迅速扩展业务，把重心放在了自动售货机及相关软硬件的开发设计领域，并取得了良好的业绩。然而，近几年来，以友宝、米源为首的其他公司迅猛崛起，行业竞争日趋激烈。与此同时，A公司内部也暴露出一系列的问题，其中最为严峻的问题为融资渠道狭窄和市场扩展效率低下。本案例分析了目前国内自动售货机行业的发展现状，并与美国、日本自动售货机行业进行对比，判断眼下A公司面临的挑战，记录了A公司为突破发展瓶颈所必须进行的融资战略的探索、创新与选择。

关键词：自动售货机；A公司；担保贷款；融资模式

0 引言

2016年7月30日,A公司董事长李总在浏览某财经网页时看到了"友宝公司获凯雷5.3亿元人民币投资"的新闻,他不禁深深叹了口气,眉头紧锁,陷入沉思:2010年成立的友宝公司的发展速度实在是太惊人了!我们公司目前市场上的自动售货机点位数远远落后于友宝,并且自动售货机行业的发展需要大量的前期资金投入,相比友宝如今已获得第三轮融资,我们现有的融资渠道很是狭窄,无法从外界融入足够的发展资金,这样下去我们如何与友宝竞争?

为了突破融资难的瓶颈,李总暗下决心:是时候要进行一番大刀阔斧的改革了,我们需要探索新的融资模式为公司注入新的血液来获得发展潜力。一个人的智慧是有限的,为了想出解决公司内外部困境的最佳方案,李总召开了一次公司全体部门负责人会议。会议上,各部门负责人讨论激烈,分析A公司目前面临的主要困境,期望从问题出发找到解决的方法。

A公司现有的商业模式主要是业务员的关系营销,即主要通过营销团队的社会关系来拉客户、拓展点位。但是近年来由于老业务员的社会关系基本用尽,使得该种市场营销方式效率低下。A公司想要进一步扩展点位,必须招聘新的业务员,发展新的关系营销网络,这就需要一笔新的资金的投入,然而A公司现阶段销售业绩不佳,在招聘新员工方面显然缺少足够的资金支持。此外,友宝公司以加大资金投入、提高佣金的方式来获取市场点位、吸引加盟商的做法也不适用于A公司目前资金短缺的经营状况。除市场推广面临的人力成本的增加外,市场点位租金的增加,点位扩张需要购买更多机器,智能机的更新换代等问题都增加了A公司所面临的财务困境。因此,A公司在其现有融资模式无法给公司融入足够运营资金的问题上面临着许多挑战。在分析出公司面临的本质问题后,A公司各部门负责人最后归结于一点,即公司的当务之急是探求新的融资模式来获得外部资金的支持,以解决公司面临的自有运营资金短缺、融资难、市场扩展速度慢的问题。李总听完大家的总结后问道:"可怎样的融资模式才是适应现状的可行方案呢?"大家纷纷低下头陷入沉思,这个问题确实相当棘手啊!

1 A公司现有的商业模式与融资渠道

图2-8反映了A公司现阶段传统的商业模式,即关系营销,通过业务员跑市场,行走于企业、学校、社区与工厂之间,利用自身社会关系推销自动售货机,获取市场点位。由于A公司产品与服务的个性化水平不足,加之其价格优势也不明显,使得A公司的产品市场竞争力不足。加之近年来由于A公司老业务员的社会关系基本用尽,难以再找到新的客户,导致该传统的市场营销方式效率低下,A公司的市场点位扩展速度明显不足。

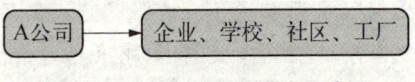

图2-8 A公司商业模式示意图

图2-9反映了A公司现阶段的融资方式,主要有两种方式:第一是向银行申请贷款。目前A公司利用土地、房屋等不动产做抵押,从银行获得了部分抵押贷款。但是在信用贷款方面,由于A公司的规模不大,现金流总量较小,使得A公司能从银行得到的信用贷款数额十分有限。第二是A公司与融资租赁公司洽谈合作,由融资租赁公司出资向设备供应商购买自动售货机,并租给A

公司使用，A公司则分期向融资租赁公司支付租金，在租赁期内，A公司享有租赁自动售货机的使用权，相关设备的所有权归融资租赁公司所有。总的来说，A公司通过现有的融资方式并没有从外界获得足够的发展资金，其融资渠道也较为狭窄。

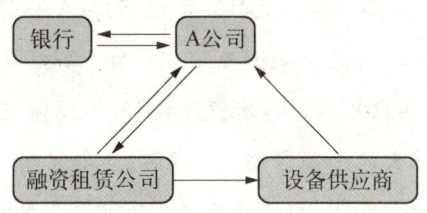

图2-9 A公司现有融资模式示意图

2 A公司的竞争态势分析

在发展前景良好的中国自动售货机行业中，A公司的主要竞争对手是北京友宝公司、上海米源公司以及中小实体店运营商。目前，他们与A公司的激烈竞争主要体现在以下几个方面：

设备保有量方面，据《2016—2021年中国自动售货机行业市场调查与投资前景研究报告》显示，截至2015年12月，友宝约有3.8万台，米源约有1.5万台，A公司只有5 000台左右，A公司与友宝、米源的自动售货机数量规模相差悬殊；融资方面，友宝、米源先后有投资人投资，而A公司的融资渠道仅限于银行贷款和融资租赁，扩展速度明显不足，并且，A公司将一大部分资金用于购买土地、建造厂房，而友宝均是租赁办公楼，这使得A公司的运营资金量也低于友宝；在IT平台领域，友宝居行业领先地位，米源处于起步阶段，而A公司的平台只完成了部分功能模块，还需要开发新的功能并进行整合；同时，中小实体店运营商在调整商品、价格、点位时更灵活,在个性化服务方面(不含智能化)也更有优势;最后,友宝通过提高佣金的方式吸引了大量加盟商,给 A 公司和其他竞争对手带来了巨大压力。

在市场上抢占更多的点位是自动售货机行业获取快速稳定发展的关键。图 2-10 反映了 2015 年 12 月份 A 公司、米源、友宝的市场各类点位比较情况。从图中可以看出,A 公司虽然在公共场所、学校的点位占比较米源具有竞争优势,但总体与行业巨头友宝相比还存在着很大的差距。因此在外部竞争方面,A 公司的点位扩展能力明显低于友宝,面临着来自友宝的巨大的竞争压力。

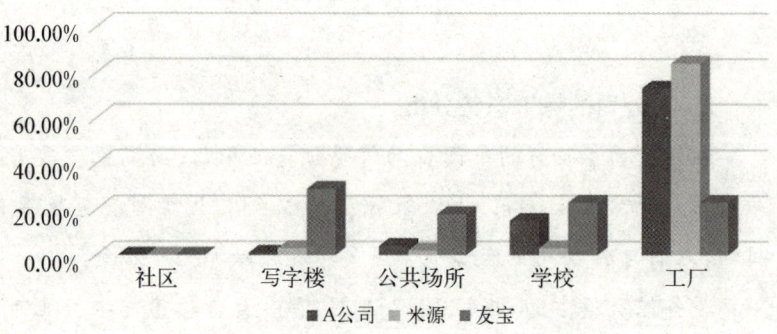

图 2-10　各类点位对比(2015 年 12 月)

数据来源:《2016—2021 年中国自动售货机行业市场调查与投资前景研究报告》

与此同时,A 公司的发展还受到公司内部资金短缺的限制。A 公司资金短缺问题的根源在于公司的融资渠道狭窄,无法从外部获取投资。A 公司资金不足随之带来一系列问题:自动售货机 IT 研发投入不足,导致很多好的想法不能及时落地实施,使得 A 公司自动售货机的个性化水平较低;没有资金来进行员工培训,不利于员工整体业务水平的提高;存量设备较少,对市场开拓的投入不够,使得市场占有率明显低于竞争对手友宝、米源,不能发挥规模效应,导致管理成本较高。另外,A公司的新产品智能机刚刚起步,机器数量少,后台建设也没有完全成型。其增值业务处于起步阶段,增值业务的总收入还处于较低水平,A公司的盈利能力明显不足。A公司的饮品配送的物流路线设计不合理,运输资源利用效率低下,导致A公司运输成本较高。

对外,A公司面对友宝、米源及中小实体店运营商的激烈竞争,无法快速有效地扩展市场点位;对内,A公司自身融资困难。为了突破以上发展瓶颈,A公司要对现有的融资模式进行革新,选择新的融资战略以拓宽融资渠道,以获取外部资金来支持其在市场上的点位扩展。为了给A公司谋求新出路,该项改革势在必行。

3 "大众创业、万众创新"的时代背景

"大众创业、万众创新"是发展的动力之源,也是富民之道、公平之计、强国之策。推进"大众创业、万众创新"是实现创新发展战略的重要举措,也是推进新一轮科技革命和产业变革的有效途径,更是我国当前稳增长、促改革、调结构、惠民生、打造经济发展新动能的重要引擎。"互联网+双创+中国制造2025"等将在中国催生一场"新产业革命",使中国自身的比较优势和潜力得到充分发挥。A公司也应顺应时代潮流的趋势,在"大众创业、万众创新"的时代背景下,进行自身融资模式的革新,谋求企业新的生机。

4 A公司的融资战略探索与选择:如何往前走?

在董事长李总组织的公司全体部门负责人会议上,大家群思决策,讨论出如下五个融资方案并由财务总监汇报如下:

4.1 债权融资

4.1.1 银行贷款

"这是 A 公司目前主要采取的融资方式。在抵押贷款方面，公司拥有厂房、办公楼等固定资产，可以以此作为抵押申请银行抵押贷款，公司目前也采取了这种抵押贷款的融资方式。然而，在信用贷款方面暂时行不通，我已与多家银行做了沟通，主要有两方面的原因：一是我们公司的规模较小，在自动售货机行业中 A 公司的市场点位和竞争实力都不及友宝、米源公司，公司的信用等级不高；二是我们公司在银行的流水不够。因此，A 公司在信用贷款这方面还是行不通的。"财务刘总监给大家分析道。

4.1.2 民间融资

刘总监继续说道："关于民间融资，有一个突出的特点，即利息高，民间借贷的利息往往是同时期银行借贷利息的 4 倍或以上。A 公司目前的盈利能力及水平不高，难以支付民间借贷高昂的利息，就算能负担得起民间借贷的利息，A 公司余下的净利润额也将会所剩无几。并且，民间借贷的利息是利滚利的，在民间融资下 A 公司的资金链一旦断裂，便会积累起巨额的利息债务，严重时将会导致企业破产。因此，民间融资对我们来说风险太高了。"

4.1.3 融资租赁

"关于自动售货机的动产融资租赁，公司已经基本用足，"刘总监叹了口气，说道，"融资租赁的资本成本较高，固定的租金支付对我们公司构成一定的负担，同时，与银行信贷相比，风险因素较多，因此，公司目前在动产融资租赁模式上的后劲不足，该模式并不能持续稳定地缓解公司目前面临的融资压力。"

4.2 股权融资

4.2.1 私募

刘总监继续说道:"关于私募,我也做过努力。当我得知友宝公司获凯雷 5.3 亿元人民币投资后,我们也迅速地准备了《商业计划书》等相关材料,并且洽谈了好几家投资公司。但他们一致认为,我们公司近几年来的经营状况不尽如人意。对比友宝以加盟商的方式扩展市场,A 公司传统的关系营销模式市场前景不佳,没有好的盈利模式。因此,投资人一致认为,市场上比我们强大的企业还有很多可以投,A 公司没有什么特别的优势来吸引他们。"

4.2.2 增资

"A 公司目前没有上市,现阶段我们的股东都是在企业上班的年轻职员,他们基本没什么积蓄,并且马上都要面临结婚成家的问题。再让股东们增资的可能性基本没有,让他们去找朋友借款也是不可能的。李总,您说对不对?"刘总监对李总说道。

财务总监总结完后,大家再一次陷入沉思……会议似乎陷入了无解的状态。

4.3 融资模式的创新

大家沉默了一段时间后,一位刚入职不久的员工小徐站了起来:"我有个想法不知道可行不可行?"大家向小徐投去惊讶的目光,李总却相当惊喜:"没关系,你大胆说,行不行我们再讨论。"

小徐走到白板前画出了如图 2-11 所示的示意图。

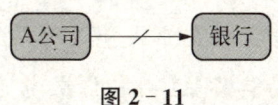

图 2-11

"以我们目前的资产状况,无法从银行获得大额贷款,小额贷款对解决我们公司目前面临的难题的功效又微乎其微。有个成语说得好:曲径通幽。如果直线走不通的话,或许我们可以绕点弯路,只要到达目的地就好嘛。"

紧接着,小徐又画出如图2-12所示的图。

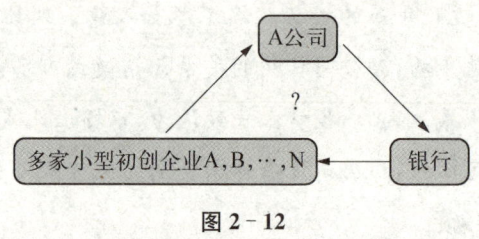

图 2-12

大家看着这两幅图,不禁皱起眉头,这个小徐的葫芦里到底卖的什么药啊?小徐面对大家的困惑,继续说道:"我之前有仔细考虑过这个问题,在我们公司自己不能从银行获得大额贷款的情况下,或许,我们可以借助第三方的力量,即图中的小型初创企业。目前市场上存在着一些潜在投资者,他们拥有小额的投资资金,但没有具体的投资项目,并且风险承受能力比较有限。我们A公司可以和这些潜在的投资者洽谈,促使他们与A公司合作,利用他们的点位资源来创业并成立公司,通过这种途径,潜在投资者便由原来的个体变成现在的小型初创企业。"

"那些投资者凭什么要帮我们啊,他们能获得什么好处呢?"市场营销部的王经理首先发问。

小徐转了转手中的笔,说:"我们A公司替这些初创企业在银行担保贷款,然后这些初创企业将贷款所得加上自身的投资一并投入A公司购买自动售货机,由我们来负责相关设备的经营管理,创造的收益再与小企业进行分摊,这样初创企业便可得到稳定的收益,减少了他们所要承担的风险。通过这种合作方式,不论是自由职业者还是在职者都可以创业,只要他们拥有点位资源,响应了中央'大众创业'的号召,而且通过这种方式A公司也相当于实现了间接融资。"

小徐解释过后,市场营销部的王经理继续问道:"听起来这种方式对A公司和小型初创企业来说,似乎都是个好方案。那银行担保贷款的具体规定有哪些呢?在A公司的担保下,银行真的愿意为那些成立时间短、投资额小的小型初创企业提供贷款吗?"

小徐理了理思路,说道:"我们可以站在银行的角度思考问题,主要考虑银行面临的风险因素:第一是贷款主体和贷款金额,在本方案中,贷款主体是初创企业,同时由该初创企业个人股东提供连带责任担保,而贷款的金额等于或小于个人股东对初创企业的投资额。一般来说,这样的贷款金额很小,预计在人民币5万元左右,这与发放额度为人民币5万元的信用卡的风险又有什么区别?第二是抵押物,由于小型初创企业的投资与贷款均用于购买A公司的自动售货机,故可以用这些自动售货机作为银行贷款的动产抵押,同时,A公司承诺违约还款时的回购义务。第三是第三方担保企业,A公司可以提供相应的第三方企业担保。第四是还款来源,由于小型初创企业的业务收入全部来自A公司的业务分成,所以A公司可以承诺在业务分成给小型初创企业时,优先定期规划银行贷款利息。最后一点不是风险考虑,而是从银行效益方面考虑,银行的贷款业务可以批量办理,集中发放,这比银行到处设点揽客办理信用卡的效益提高多少啊?更主要的是,合作贷款银行可以要求这些小型初创企业将基本账户开设在他们银行。这样下来,银行没道理不愿意合作啊?"

大家听完立即炸开了锅,陷入激烈讨论中,其中不乏一些质疑。李总看着白板上的示意图陷入沉思,说:"大家静一静,我觉得小徐说的也不无道理,我们不应放过每个成功的可能,市场部、财务部你们研究一下这个方案,三天后把可行性报告交给我。"

三天后,一份计划可行性报告递交到李总的手里。A 公司传统的通过银行贷款的融资模式或许即将革新,取而代之的是一个基于 A 公司担保贷款的新型融资模式。并且在此新型融资模式下,可以展开将 A 公司、小型初创企业、银行、互联网媒体等多方包含在内的多赢商业模式蓝图,模式图如图 2-13 所示。

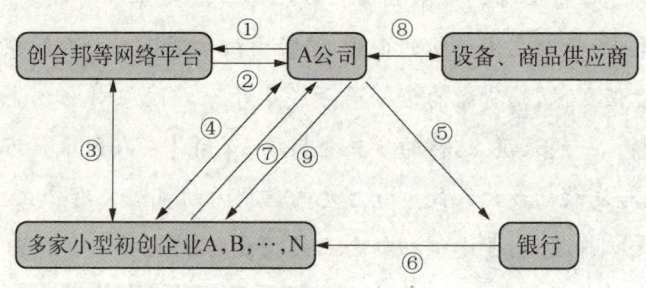

图 2-13　A 公司多赢商业模式示意图

① A 公司在创合邦等创业网络平台上发布针对小型初创企业银行担保贷款的项目信息。

② 基于共享经济,创合邦等网络媒体可以以较优惠的价格在 A 公司的自动售货机机身上投放广告。

③ 创合邦等网站将 A 公司的担保贷款项目信息传递给多家小型初创企业。有意愿加入该担保贷款项目的小型初创企业在创合邦等网络平台上报名,上传相关的申请表、财务报表等材料。

④ A 公司对小型初创企业的申报材料进行评估,确定担保贷款的可行性和数额,并与通过审核评估的企业签订相关合同。

⑤ A 公司为通过审核评估的小型初创企业的银行贷款进行担保。

⑥ 在 A 公司的担保下,银行将款项贷给这些小型初创企业。

⑦ 小型初创企业将所贷款项投资 A 公司,即购买 A 公司的自动售货机。

⑧ 收到小型初创企业的订单后,A 公司基于完善的物联信息系统,根据历史信息计算出利润最大化的设备、商品订货量,并向设备及商品供应商发出订单。之后,设备、商品供应商便将自动售货机及各种饮品运送至 A 公司。

⑨ A 公司精简自身物流路线,提高自身物流资源的利用效率,将自动售货机与产品运送至这些小型初创企业。

总的来说,该新型商业模式将 A 公司、小型初创企业、银行、创合邦等网络媒体、设备及商品供应商紧密联系在一起,在解决了 A 公司面临的融资难和市场扩展速度慢的困境的同时,响应了中国政府"大众创业、万众创新"的号召,促进了创业型企业的发展,降低了银行对小型初创企业的贷款风险。同时还开发了 A 公司与创合邦等网络媒体的合作新方式。A 公司的该新型商业模式是一个多方得利的多赢商业模式,具有很大的现实意义。

李总看完计划可行性报告,望向窗外刚刚放晴的天空,心想:这新型融资模式到底能不能奏效呢?可能还要用实践来加以检验,或许 A 公司和这上海的天气一样将要结束阴霾,重现希望呢。

附录1 多赢商业模式下小型初创企业收益分析

多赢商业模式下小型初创企业收益分析如附表1所示。

附表1 小型初创企业收益预算表

模式一：完全以自有资金投资		模式二：向银行借30%的投资额		
总投资款/元	100 000.00	投资款	自有资金/元	100 000.00
			银行贷款/元	30 000.00
使用年限/年	8	使用年限/年		8
总收入/年	销售收入/元	150 000.00	总收入/年	销售收入/元	205 000.00
	广告收入/元	5 000.00		广告收入/元	6 500.00
返利/元	*	返利(30%)/元		63 450.00
固定成本/元	12 500.00	固定成本	机器折旧/元	16 250.00
可变成本/元	110 000.00		贷款利息/元	1 800.00
利润/元	32 500.00	利润/元		45 400.00
投资回报率/%	32.50	投资回报率/%		45.40

备注：
以小型初创企业向A公司投资10万元为例，销售收入、固定成本、可变成本等其他相关数据均为历史数据的估算值。模式一是指小型初创企业完全以自有资金购买A公司的自动售货机购进饮品，并自主经营自动售货的销售情况。模式二是指小型初创企业在加入A公司的担保贷款项目下，只需为A公司提供点位并购进自动售货机，无需自主经营，按期获得A公司的利润返点。

(1) 模式一中的折旧费用=100 000.00/8(元)，模式二中的折旧费用=130 000.00/8(元)

模式一中的小型初创企业的固定成本为机器折旧费，可变成本包括进货成本、增值税和其他管理费用等；

小型初创企业在A公司的担保贷款模式下，无需自主经营，只承担机器每年的折旧费用和银行贷款利息(6%)。

(2) 投资回报率=利润/自有资金

附表1显示了加入多赢商业模式前后小型初创企业的投资收益情况对比。当小型初创企业用100%的自有资金去投资A公司的自动售货机预计投资回报率为32.50%。当小型初创企业加入

A公司多赢商业模式后,假定小型初创企业通过A公司担保从银行贷款得到原投资额的30%的资金,A公司将每年总收入的30%返利给小型初创企业,相比之下,其投资回报率提升为45.40%,小型初创企业在三年内的收益即可抵消原始投资额和银行贷款。随着小型初创企业获得银行担保贷款额占总投资额比率的增长,企业最终获得的投资回报率将持续增长。因此,可以得出结论,加入A公司的多赢商业模式是有利于小型初创企业的。

附录2　多赢商业模式下A公司收益分析

多赢商业模式下A公司收益分析如附表2所示。

附表2　A公司盈利测算表　　　　　　　　　单位:元

A公司销售收入[1]	机　器	130 000.00
	饮　品	205 000.00
	广　告	6 500.00
固定成本[2]		85 000.00
可变成本[3]		120 000.00
利　润		136 500.00

备注:
1. "A公司销售收入"指的是初创企业对A公司的投资额(即机器的购买费用)、A公司销售饮品的收入和自动售货机机身广告费用的总和。
2. 固定成本指A公司的机器进价。
3. 可变成本包括进货成本、增值税、运营成本等。

附表2显示了在多赢商业模式下,A公司获得的利润为136 500.00元,在附表1的模式一下,A公司的利润为小型初创企业购买机器的费用扣除各项税费后的85 000.00元(100 000.00元的税后估算值),相比下来,A公司获得额外利润51 500.00元。同时,该新型商业模式将吸引大量小型初创企业的加入,这为 A 公司提供了更大的盈利空间。

三、A 公司税务方向的案例正文

A 公司:基于"双创"模式的税收筹划

摘要:A 公司是最早将移动支付与自动售货机相结合的自动售货机运营商之一,但近年来由于"共享经济"大热导致企业利润下降。A 公司总裁李总惊讶地发现公司并没有实现盈利,却同样承担了相当庞大的税收。于是,李总的朋友方先生提出了一个解决方案。在"大众创业、万众创新"的时代背景下,方先生巧妙地进行税收筹划模式创新。新的模式中引入了创业企业作为 A 公司运营模式中的第三方,利用了创业企业享受的"大众创业、万众创新"关于税收政策的优惠,为 A 公司降低了企业所要缴纳的企业所得税和增值税以及相关附加税,提高了公司利润。

关键词:双创;税收筹划;增值税;所得税;自动售货机

0 引言

"当初我毕业时,果断放弃了一个高薪的优质岗位,毅然决然地走上了创业的道路。当时移动支付大热,我便想着把移动支付和自动售货机结合在一起,创建 A 公司,成为自动售货机运营商。当时我一心想拉你入伙,你却不相信我,不肯与我一同创业,去了一个税务公司做什么税务筹划,每个月拿着固定的薪资有什么前途？如今自动售货机如雨后春笋般，迎来第二春。我的公司已经步入正轨，规模越来越大，成功已然是指日可待！"李总跟他的大学校友方先生聊得火热，语气里充斥着创业成功的喜悦。方先生仍保持着微笑，安静地听着李总的炫耀。李总拍拍方先生的肩膀："以后有什么困难了来找哥，哥帮你解决！"今天的天气异常的晴朗，李总的心情也同这天气一般，难掩喜悦。

这时，财务刘总监将 2017 年的企业所得税汇算清缴报告呈给李总。李总看到报告后，表情越来越难看，他指着报告问道："这是怎么回事？"说完李总尴尬地看一眼方先生，强压着怒气……

1　问题出现

今天是公司财务部门向李总呈报税务报表的日子。在宽敞的办公室里，李总这时正在和他的朋友聊得火热，不一会，只听"咚咚咚、咚咚咚"的敲门声，李总叫门外的人进来，是财务刘总监。刘总监走上前，将 2017 年的企业所得税汇算清缴报告呈给李总。李总接过报告，仔细阅读起来，神色却渐渐暗淡下来，他指着报告诧异地问道："公司如今不是还处于亏损状态吗？而报告显示要缴纳 125 万元的企业所得税，这是怎么回事？"

此时刘总监面露难色，李总已无心斥责刘总监，在校友方先生面前强忍着怒气，一时竟不知如何是好，在办公室急得来回踱步。方先生突然打破尴尬说："或许我能帮你找出原因。"李总这时才想起校友方先生正是这方面的高手，于是立刻把手里的所得税汇算报告拿给方先生。此时三人坐在办公室共同探讨 A 公司的税收问题。经过一个小时的深入研究了解后，方先生发现 A 公司的财务损益构成并整理如表 2-2 所示（精确到小数点后两位小数）。

表 2-2 会计报表与税务报表　　　　　单位：万元

项目	会计报表	税务报表
主营业务收入	2 800.00	2 800.00
减：主营业务成本	1 300.00	1 300.00
毛利	1 500.00	1 500.00
减：销售及管理费用	1 400.00	1 400.00
其中：租金	500.00	500.00
VAT附加	25.50	25.50
财务费用	100.00	100.00
会计利润	0.00	0.00
纳税调整		500.00
应纳税所得额		500.00
减：所得税	0.00	125.00
税后利润	0.00	−125.00

从表 2-2 可以发现，引起会计利润与税后利润差异如此之大的原因在于销售及管理费用项目中的租金 500 万元。那为什么会引起这种差异呢？李总不解。方先生继续说道，主要原因在于：

A 公司所使用的点位需要支付场地租金或使用费（即把自动售货机放置在点位拥有者的地方所需支付的费用），但这些点位一般都设在商场、地铁口、影城等地方，这些点位拥有者大多不愿意或不能够提供相应的合法发票，鉴于他们取得的这部分收益很小，每一个点位一个月能收到的租金也就几百到几千元不等，所以这些点位拥有者一般不会将其划分为收入，基本上都当作员工福利如聚餐，直接消费掉了。但是这项费用相对于 A 公司来说，其拥有1 000台自动售货机,需要1 000个场地,每年支付的场地使用费就相当可观了,从而产生了未开发票的租金500万元。

会计报表中的会计利润为0元,但是从税法的角度来看,销售及管理费用中的租金500万元是不可税前抵扣的,所以在做纳税调整时应将500万元转回。应纳税所得额为500万元(＝0＋500),A公司则需要缴纳125万元的所得税(＝500×25％)。由此,A公司没有盈利,却依然要缴纳125万元的企业所得税。

问题已经找到,那么该如何解决呢?李总立刻让许秘书过来:"你现在通知所有部门老总,半小时以后会议室开会,这次会议十分重要,任何人不得无故缺席。"然后转身对方先生说:"你是这方面的专家,会议你也一起参加吧。这次你一定帮帮我,从创业到现在,一路走来困难重重实在太不容易了……"方先生看着眼前的李总,已然没了刚才的兴高采烈,创业这条路确实不易,便答应了老同学李总的请求。

半小时后,各部门主要负责人陆续来到了公司会议室。他们惊讶地发现,李总早已坐在了会议室,表情十分严肃。

"发生什么严重的事情了?""我的部门近期有出什么差错吗?"每位参会者心里都在这样嘀咕着,可是没有一个人跟其他人讨论,会议室里一片寂静。

"大家都到齐了吧,给你们看看财务刘总监递交的财务报告和所得税清缴报告。刘总监上来跟大家讲讲为什么会出现这个问题。"李总说。

约15分钟后,财务刘总监报告完毕。

"问题已经清楚了,大家对此有什么看法,认为该如何解决?"李总继续说道。此时,所有人都支支吾吾地答不上话来。

"我来说说吧!"沉默了一段时间后,方先生站起来说道。

2　政策补充

关于"大众创新、万众创业"相关税收政策有:

(1)增值税:根据《财政部国家税务总局关于全面推开营业税改征增值税试点的通知》(财税〔2016〕36号)、《国家税务总局关于全面推开营业税改征增值税试点有关税收征收管理事项的公告》(国家税务总局公告2016年第23号)规定在中华人民共和国境内销售货物或者提供加工、修理修配劳务以及进口货物,销售服务、无形资产或者不动产的增值税小规模纳税人,月销售额2万元(含本数)至3万元(按季纳税9万元)的单位和个人,暂免征收增值税。

(2)所得税:根据《中华人民共和国企业所得税法实施条例》(以下简称《企业所得税法实施条例》)、《财政部税务总局关于扩大小型微利企业所得税优惠政策范围的通知》(财税〔2017〕43号)等规定,现就小型微利企业所得税优惠政策有关征管问题公告如下:自2017年1月1日至2019年12月31日,符合条件的小型微利企业,无论采取查账征收方式还是核定征收方式,其年应纳税所得额低于50万元(含50万元)的,均可以享受财税〔2017〕43号文件规定的其所得减按50%计入应纳税所得额,按20%的税率缴纳企业所得税的政策(减半征税政策)。

3　方案设计

方先生提出了如下建议:

(1)成立新公司:由A公司的全职或兼职业务员成立公司

(以下简称"新公司")。现有1 000台左右的机器,若每一家新成立的公司管理10台左右的机器,则预计将有100家新公司。

(2) 管理权与所有权的规定:A公司与新公司签订合作协议,由A公司把所有自动售货机交给新公司管理,新公司仅仅享有使用权,其所有权仍然不变,还是属于A公司。

(3) 成本与价格的规定:新公司卖出去的产品价格不变,而从A公司购进的产品价格则可以根据新公司的成本来推算,参照公允价格给予新公司合理的利润空间,同时约定点位租赁费由新公司承担。

根据上述建议,可以初步测算出相关财务报表如表2-3所示(精确到小数点后两位小数)。

表2-3 方案比较表　　　　　　单位:万元

	项目	原方案	现方案		
		A公司	A公司	新公司	合计
1	主营业务收入	2 800.00	2 100.00	3 276.00(a)	5 376.00
2	减:主营业务成本	1 300.00	1 300.00	2 457.00(b)	3 757.00
3	毛利	1 500.00	800.00	819.00	1 619.00
4	减:销售及管理费用	1 400.00	588.10(e)	800.00	1 388.10
5	其中:点位租金费	500.00	0.00	500.00	500.00
6	VAT附加	25.50(c)	13.60(d)		13.60
7	财务费用	100.00	100.00		100.00
8	会计利润	0.00	111.90	19.00	130.90
9	纳税调整	500.00		500.00	500.00
10	应纳税所得额	500.00	111.90	519.00	630.90
11	减:所得税	125.00	27.98	51.90	79.88
12	税后利润	−125.00	83.93	−32.90	51.03

4 数据分析

4.1 主营业务收入分析

原方案中 A 公司的主营业务收入为 2 800 万元,成立新公司后以 2 100 万元的价格将产品——饮品卖给新公司,这 2 100 万元构成新方案中 A 公司的主营业务收入。

(a) 新公司从 A 公司取得产品,并投放于市场,消费者为购买机器内的饮品所支付的费用构成新公司的主营业务收入。即原方案中的 A 公司 2 800 万元主营业务收入现由新公司赚取。筹划后的每家新公司的年销售额为 28 万元/年($=2\,800/100$),低于 36 万元/年,月销售额约为 2.3 万元($=28/12$),低于 3 万元。根据"财税〔2014〕71 号"规定,增值税小规模纳税人,月销售额不超过 3 万元(含 3 万元,下同)的,免征增值税。因此所有新公司的实际销售额为原方案 A 公司的不含税销售额乘以 17% 的税率后所得的金额,即 3 276 万元($=2\,800\times 1.17$)。

4.2 主营业务成本分析

原方案中 A 公司从自动售货机供应商获取设备和产品,构成其主营业务成本为 1 300 万元,成立新公司后其主营业务成本不变。

(b) 新公司以 2 100 万元不含税的价格从 A 公司取得产品——饮品,由于新公司为小规模纳税人,其对应的进项税额不能抵扣,故其成本应该为含税价 2 457 万元($=2\,100\times 1.17$)。

4.3 销售及管理费用分析

(c) 附加税包括城建税 7% 及教育税附加 3%,共 10%。原方案中 A 公司的销售毛利为 1 500 万元,故其增值税缴纳额为 255 万元($=1\,500\times 17\%$),因此相应附加税为 25.5 万元($=255\times 10\%$)。

(d) 同上述对(c)的分析,现方案中 A 公司应缴纳增值税为 136 万元(=800×17%),因此相应附加税为 13.6 万元(=136×10%)。

(e) 原方案中 A 公司的销售及管理费用为 1 400 万元,其中包括 500 万元的点位租金费。现方案中,新公司承担两部分销售及管理费用 800 万元,包括由 A 公司转嫁过来的点位租金费和自身产生的销售及管理费用 300 万元。剩余 600 万元(=1 400−800)由 A 公司承担。根据上述对(c)(d)的分析,我们可以得到成立新公司后,A 公司的附加税减少了 11.9 万元(=25.5−13.6),故此时 A 公司承担的销售及管理费用下降为 588.1 万元(=600−11.9)。

4.4 应纳税所得额分析

在原方案中,A 公司的会计利润为 0 元,由于销售及管理费用中的 500 万元的点位租金费在税法上不可税前抵扣,因而要对这 500 万元进行纳税调整。调整后的应纳税所得为 500 万元(=0+500)。

在现方案中,A 公司无需进行纳税调整,通过计算可得其应纳税所得额即为会计利润 111.9 万元(=800−588.1−100)。而对新公司来说,由于承担了点位租金费,在税法上不可税前抵扣,因而要对这 500 万元进行纳税调整。调整后的应纳税所得为 519 万元(=19+500)。

5 所得税分析

对于原方案中的 A 公司和现方案中的 A 公司来说,其企业应交所得税都为应纳税所得额的 20%。

在现方案中的新公司,自 2017 年 1 月 1 日至 2019 年 12 月 31 日,符合条件的小型微利企业,无论采取查账征收方式还是核定征收方式,其年应纳税所得额低于50万元(含50万元,下同)的均可以享受财税〔2017〕43号文件规定的其所得减按50%计入应纳税所得额,按20%的税率缴纳企业所得税的政策(以下简称"减半征税政策")。因此新公司的应纳税所得额为$(19+500)\times 50\%=259.5$万元,企业应交所得税为$259.5\times 20\%=51.9$万元。

6 综合比较

(1) 关于增值税:在现方案由于每家新公司的销售额均低于36万元/年,根据财税〔2014〕71号文件规定,增值税小规模纳税人,月销售额不超过3万元(含3万元,下同)的,按照规定免征增值税。故新公司的缴纳的增值税为0元。原方案A公司缴纳的增值税是255万元($=1\,500\times 17\%$),而现方案只需A公司缴纳增值税136万元($=800\times 17\%$),减少了实缴增值税税额119万元。

(2) 关于企业所得税:通过表2-3可以看到,原方案缴纳的企业所得税为125万元,新方案设计后,企业所得税共缴纳79.88万元,较之前减少了45.12万元($=125-79.88$)。

(3) 关于税后利润:原来A公司的税后利润为-125万元,税负率高达-9%($=125/2\,800$)。而现方案中,合计税后利润为51.03万元,税负率为变为6%($=83.93/2\,100$),总体税负率变为0.9%。其税后利润和税负率都有上涨。

(4) 关于附加税:原方案中A公司需缴纳附加税(城建税7%及教育税附加3%)计25.5万元($=255\times 10\%$),而在新方案中只需缴纳13.6万元,节省了11.9万元。

综上,通过上述方案设计,A公司所实际缴纳的增值税、企业所得税、附加税都有大幅降低。

大家听完后立即炸了锅,对方先生的方案赞不绝口。在"大众创业、万众创新"的时代背景下,方先生想出的这个方法创新了A公司的税务筹划模式,成功地减轻了A公司的税收负担,提高了企业的利润。李总看着方案书,感慨不已,现阶段面临的税务问题解决了,将来还会有多少问题在等着他?随着共享经济的盛行,迷你KTV、共享健身房这种碎片化消费越来越多,自动售货机能否站稳脚步,继续前行……

第三节　A公司应用案例使用说明

建议课堂计划

本案例计划教学时间90分钟。

课前计划:提出启发思考题,请学员在课前完成阅读和初步思考。

课中计划:① 课堂前言,明确主题及要求(5分钟);

② 分组讨论(30分钟);

③ 小组发言(每组5分钟,控制在30分钟内);

④ 老师点评,全班进一步讨论(20分钟);

⑤ 归纳总结及升华(5分钟)。

课后计划:请学员将课堂讨论的内容归纳、整理、总结,形成报告。

一、A公司战略方向的案例使用说明

(一)教学目的与用途

(1) 本案例适用于MBA、EMBA以及本科生"公司管理""市

场营销""战略管理"等课程的教学和管理培训。

（2）本案例的教学目标是帮助学生掌握在激烈的市场竞争中进行战略决策的技能，在"大众创业、万众创新"的时代背景下，学会根据企业内部经营现状以及外部环境的机遇与挑战，制定市场发展战略，谋求企业战略转型的各种可能。

（二）启发思考题

（1）目前，我国自动售货机市场主要集中于北京、上海、深圳等一线城市，二线城市的扩展还在起步阶段，假如你是 A 公司董事长，你会如何在二线城市推广自身品牌呢？

（2）在 A 公司实施新的市场战略后，你对未来 A 公司的发展有哪些建议？

（3）请根据管理会计相关知识考虑，如何得出 A 公司保本的机器数量？

（4）请从管理会计的角度考虑，本案例中 A 公司多赢商业模式的风险主要有哪些？如何进行相关的风险防范与控制？

（三）分析思路

教师可以根据自己的目标来灵活使用本案例。这里提供本案例的分析思路，仅供参考。

1. A 公司如何在二线城市推广自身品牌？

如何在市场上推广自身品牌即如何进行市场营销，应综合 STP 分析框架和 4P 营销战略，帮助学生理解市场渗透和市场拓展的理论原理，引导学生思考 A 公司的市场战略选择和推广策略，来为 A 公司在二线城市推广品牌提出建议。

（1）STP 分析框架

STP 战略即目标市场营销战略，从市场细分（Segmentation）、目标市场选择(Targeting)和市场定位(Positioning)三方面来分析企业如何细分新市场，并选择自己的目标市场，传达出各自不同的市场定位。下面分别从这三个方面来分析 A 公司在二线城市的品牌推广策略。

① 市场细分。对于 A 公司来说，其市场主要划分为企业、学校、工厂以及社区四大部分，在各个小的细分市场里，再划分出各自主要的消费人群。比如在企业，A 公司主要的消费人群是白领上班族；在学校，A 公司的主要消费人群是老师、学生；在工厂，A 公司的主要消费人群是从事体力劳动的工人；在社区，A 公司的主要消费人群是附近的居民和路人。市场细分是选择目标市场和制定市场营销策略的前提，A 公司对二线城市的市场做好细分之后，要积极开展对细分市场的调研，了解各个细分市场人群的消费水平、消费偏好等问题，为后续工作的开展奠定基础。

② 目标市场选择。A 公司在对二线城市的市场进行细分之后，便要将公司自身的情况与当地市场的实况相结合，选择可行的几个子市场进行开发。在二线城市，考虑到人们的收入水平低于一线城市，并且居民对自动售货机的接受程度较低，特别是在社区里的中老年居民，A 公司在二线城市的社区投资并不是一个好的选择。因此，A 公司在二线城市应该选择规模较大的企业、学校、工厂这三个细分子市场来进行开发，相比于社区，这三个子市场的需求量相对稳定。

③ 市场定位。A 公司在二线城市的目标市场选定后，便要针对各细分市场的不同消费人群，合理选择出售的饮品，满足不同人群的消费偏好与需求，在消费者心中树立起 A 公司的品牌形象。在企业，A 公司可以出售一些茶饮料，如乌龙茶、绿茶等，这些饮品

可以帮助公司员工缓解疲劳、降火,同时,自动售货机外观设计应简洁素雅,塑造 A 公司干练的形象;在学校,A 公司可以出售一些果汁、乳品,这类饮品能得到学校里年轻师生的青睐,同时,自动售货机外观设计应更加鲜艳俏皮,塑造 A 公司青春、富有朝气的形象;在工厂,A 公司可以出售矿泉水、功能型饮料,这些饮品能帮助工厂里从事体力劳动的工人消暑解渴,补充身体能量,自动售货机外观设计应活泼些,增加工人们消费时的愉悦感。在二线城市,A 公司针对不同的细分市场,应选择不同的饮品和机器外观设计,才能迎合消费者的需求,提高销售量,实现利益最大化。

(2) 4P 营销战略

4P 营销战略被归结为四个基本营销策略的组合,即产品(Product)、价格(Price)、渠道(Place)和促销(Promotion)。下面分别从这四个方面来分析 A 公司在二线城市的品牌推广策略。

① 产品。A 公司的产品包括两个部分,即自动售货机和饮品。在二线城市这样一个新的市场,A 公司一方面要积极开发自动售货机的 IT 智能化模块,提高 A 公司自动售货机的个性化水平,另一方面可以借鉴在一线城市发展的经验,提供更加优质的饮品,满足消费者的需求,提高服务质量,打造消费者的品牌忠诚度。

② 价格。考虑到二线城市居民的收入水平和消费水平低于一线城市居民,因此 A 公司在饮品定价时应当采取适当的降价策略。否则,与传统中小运营商相比,A 公司将大大失去其竞争优势,难以在二线城市立足。因此,在拓展市场的初级阶段,A 公司可以采取薄利多销的策略,吸引更多的消费者,打响品牌,一举打开二线城市自动售货市场。

③ 渠道。A 公司在二线城市推广品牌,可以采取加盟商的形

式,构建起完善的销售网络。A公司一家公司的市场拓展速度与效率明显有限,但若A公司在二线城市寻找多个加盟商,通过加盟商的渠道,数家公司一起扩展A公司的市场点位,其市场拓展速度和效率可以得到显著提升。

④ 促销。促销即包括品牌宣传(广告)、公关等一系列的营销行为,好的产品与服务必须要通过广告才能为人所知。A公司在二线城市的市场扩展过程中应着重加大广告宣传,抢在其他自动售货机品牌之前在大众心中树立一定的知名度。同时,A公司也可以采取扫描二维码加入A公司会员,购买自动售货饮品获得积分的促销形式,吸引消费者购买。

2. 对未来A公司的发展有哪些建议?

在为A公司未来发展提出建议的时候,可以从以下几点考虑:

(1) 物流管理方面。为了最大限度地利用A公司的运输资源,A公司可以和物流公司建立合作关系,在彼此重叠的线路上由A公司为之派送大件物品。在此模式下,物流公司得以精简自身的运输路线,节省人力成本和相关运输费用;同时,A公司也可以从中得到物流公司的返利,获取额外收益,提高自身的运输资源的利用效率。

(2) 大数据的管理方面。A公司应让数据的应用保持灵活性,使数据可以简单地查找,注重数据的保护,以应变因时间和市场变化而出现的新业务的需求,提高企业数据管理方面的自动化内容感知能力,以减少不必要的投资支出,增加数据的商业价值。

(3) 企业形象管理方面。由于自动售货机行业涉及售后的供货、维修等服务业务,而这些后续工作对培养客户忠诚度至关重要,所以A公司应加强企业文化的塑造,提高对员工的规范化要求,改善服务态度,提高服务水平,公司的软实力的提升也将为后续的发展提供强大的动力。A公司还应参加一些社会公益活动,树立起承担社会责任的企业形象。

3. 请根据管理会计相关知识,考虑如何得出A公司保本的机器数量?

应运用管理会计中"本量利"相关知识进行分析:

(1)"本",即成本(C),可以分成固定成本(FC)和变动成本(VC)。本案例中A公司的固定成本主要包括人员工资、房租等;因为自动售货机运营商每月都会开发新的市场点位,购置新的自动售货机,因此变动成本主要包括自动售货机内所销售产品的进货成本、每月自动售货机的购置成本、每月点位的租金、每月机器折旧费用和维护费用等。

(2)"量",即销售数量(Q),也即产品销售数量,本案例中方先生结合自动售货机运营商的经营特点,根据市场上的平均数据假设每一点位的销售额确定,通过点位来确定销售数量,由此本案例中计算的销售数量即为市场点位数。

(3)"利",即利润(P),确定盈亏临界点,是进行本量利分析的关键。

所谓盈亏临界点,就是指使得贡献毛益与固定成本恰好相等时的销售量。此时,企业处于不盈不亏的状态。由此,可以根据"本量利"方法来计算出本案例中的保本点位数。

盈亏临界点可以采用下列两种方法进行计算:

① 按实物单位计算,其公式为:

盈亏临界点的销售量(实物单位)=固定成本/单位产品贡献毛益

其中：

单位产品贡献毛益＝单位产品销售收入－单位产品变动成本

② 按金额综合计算，其公式为：

盈亏临界点的销售量(用金额表现)＝固定成本/贡献毛益率

其中：

贡献毛益率＝贡献毛益/销售收入

贡献毛益＝销售收入－变动成本

实际教学中，教师可以给出具体的假设数据，从而进行具体的计算。

4. 请从管理会计的角度考虑本案例中 A 公司多赢商业模式的风险主要有哪些？如何进行相关的风险防范与控制？

(1) 确保小额投资者稳定回报的风险

本案例中提出确保小额投资者的 ROE 在 12%～18%，其前提条件是其所找到的点位能产生足够的销售额。由此 A 公司要做好点位的市场评估，判断点位是否有足够的人流量等。同时从管理会计的角度出发，通过"本量利"分析单台机器、单家小型/微型企业的盈利水平，同时要做好财务管理预算。

(2) 运营风险

由于李总创业团队成员均是在校大学生，没有项目运营经验，这就蕴藏着很大的风险。因此，需要招聘有经验的行业内运营人才，加强预算与事前控制与管理。

(3) 资金管理风险

主要是两个方面：一是资金筹集的风险，能否顺利从小额投资者和银行筹集到资金;二是资金运用风险,能否以最大效益运用资金,避免"短贷长投"的同时,又要减少资金的沉淀而导致不产生效益。由此从管理会计的角度,要做好资金预算管理,监控现金流动,与银行做好密切沟通,避免出现资金链断裂的极端情况。

(四) 理论依据及分析

1. STP 分析

STP 分析即市场细分(Segmenting)、选择目标市场(Targeting)和市场定位(Positioning),STP 法则是整个营销建设的基础。

市场细分的概念最初是由美国市场学家温德尔·史密斯于 20 世纪 50 年代中期提出的,是指营销者通过市场调研,依据消费者的需要和欲望、购买行为和购买习惯等方面的差异,把某一产品的市场整体划分为若干消费者群的市场分类过程。选择目标市场是指通过市场细分,明确目标市场,通过市场营销策略的应用,满足目标市场的需要。市场定位是指企业针对潜在顾客的心理进行营销设计,创立产品、品牌或企业在目标顾客心目中的某种形象或某种个性特征,从而取得竞争优势。

2. 4P 营销战略

美国营销学学者麦卡锡教授在 20 世纪的 60 年代提出"产品、价格、渠道、促销"四大营销组合策略即为 4P。

(1) 产品的组合。主要包括产品的实体、服务、品牌、包装。它是指企业提供给目标市场的货物、服务的集合,包括产品的效用、质量、外观、式样、品牌、包装和规格,还包括服务和保证等因素。

(2) 定价的组合。主要包括基本价格、折扣价格、付款时间、借贷条件等。它是指企业出售产品所追求的经济回报。

(3) 分销的组合。主要包括分销渠道、储存设施、运输设施、存货控制。它代表企业为使其产品进入和达到目标市场所组织、实施的各种活动,包括途径、环节、场所、仓储和运输等。

(4) 促销的组合。促销的组合是指企业利用各种信息载体与目标市场进行沟通的传播活动,包括广告、人员推销、营业推广与公共关系等。

4P是市场营销过程中可以控制的因素,也是企业进行市场营销活动的主要手段,对它们的具体运用形成了企业的市场营销战略。

(五) 关键要点

(1) 帮助学生提高根据不同产业的不同特征进行市场战略选择的能力。

(2) 帮助学生思考企业如何依托第三方平台拓宽自身的营销渠道,如何挖掘市场的潜在商机进行战略模式的转型。

(3) 帮助学生思考企业如何利用自身的优势特点,选择合适的营销方案,开拓新市场。

(六) 板书计划

战略方向板书计划如表2-4所示。

表2-4 战略方向板书计划

A公司商业模式创新点分析	为进入二线城市市场的营销方案设计
STP和4P理论运用	未来发展建议的制定与选择

二、A公司融资方向的案例使用说明

(一) 教学目的与用途

(1) 本案例适用于MBA、EMBA以及本科生"公司管理""市场营销""战略管理""公司理财""财务管理"等课程的教学和管理培训。

(2) 本案例的教学目标是帮助学生掌握在激烈市场竞争下进行战略决策的技能,学会根据企业内部经营现状以及外部环境的机遇与挑战,具体设计企业的融资模式方案。

(二) 启发思考题

(1) 对各参与者而言加入该多赢商业模式有哪些优势?试做出分析。

(2) A公司目前的新型商业模式与以往的商业模式相比有哪些创新之处?A公司与同行业的竞争对手相比存在着哪些优势和不足?面临着哪些机遇和挑战?

(3) 目前,公司常用的融资方式有哪些?请比较它们的优缺点。

(4) A公司、小型初创企业和银行在该多赢商业模式中面临着哪些风险?如何管控这些风险?请谈谈你的看法。

(5) 现实环境下,有很多行业如教育、保险、保健品等,都和之前的A公司一样,主要采取业务员的关系营销,试讨论类似行业如何在日趋激烈的市场竞争下谋求高效、可持续的市场营销方案?

(三) 分析思路

教师可以根据自己的目标来灵活使用本案例。这里提供本案例的分析思路,仅供参考。

1. 对各参与者而言加入该多赢商业模式有哪些优势?试做出分析

(1) A公司

一方面,A公司为多家小型初创企业贷款进行担保,作为回馈,小型初创企业将所贷款项投资于A公司,即购买A公司的自动售货机，A公司相当于实现了间接融资。并且，A公司自身较难从银行贷到数额较大的款项，但其通过为多家小型初创企业提供贷款担保的间接融资渠道，能够化整为零，积累到数额较大的融资金额，有效解决了A公司现阶段面临的融资难的问题。

另一方面，该新型商业模式突破了A公司主要依靠营销团队跑市场拉客户的低效瓶颈。在此多赢商业模式中，A公司由产品的推销者变为服务、产品的提供者，小型初创企业自己找上门来要求合作，使A公司传统的关系营销模式得以创新。通过为多家小型初创企业提供贷款担保，A公司能够高效地将自动售货机和商品投放于这多家小型初创企业网点，这将会大大提高A公司的市场扩展速度与市场点位占有率。与此同时，A公司通过完善的物联信息系统能够得到合理的设备、商品订货量，有效降低库存，降低仓储成本。

（2）小型初创企业

小型初创企业由于其自身的信用等级不足，较难从银行贷到款项。若其使用自身少量的资金购买一两台A公司的自动售货机及商品，该项投资很难达到收支平衡点，并不能为其带来经济效益，没有谁会愿意做不赚钱甚至亏本的买卖，因此A公司向小型初创企业推销自动售货机成功的概率微乎其微。但是，如果小型初创企业加入A公司的该银行担保贷款项目，小型初创企业在拿到银行贷款后便拥有充足的资金购买A公司的自动售货机，其自动售货机的购买数量得以提升，并能形成一定的规模效应，即投资更多台自动售货机的边际销售收入增加。并且，小型初创企业在购买了A公司的自动售货机之后是无需自主经营的，A公司拥有自动售货机的经营权并定时供货补货。在月末，A公司根据自动售货机的销售额给小型初创企业一定比例的利润返点。因此,在这一层面上看,小型初创企业加入该担保贷款项目基本是无风险的,小型初创企业只要为A公司提供自动售货机点位,并能按期获得A公司的返利。在其收入抵消了原始投资额和银行贷款额之后,小型初创企业便能在该项目上获得稳定的收益。因此,一方面,A公司的该担保贷款项目对小型初创企业有较大的吸引力,众多小企业的加入有利于A公司市场点位的快速扩张;另一方面,该商业模式在一定程度上也促进了初创企业的发展,符合"大众创业、万众创新"的时代潮流。

除此之外,考虑到小型初创企业的投资方向和盈亏平衡状况可能改变,若其在以后的年份所需的自动售货机数量减少,A公司可以按年份折价回收自动售货机。这极大地降低了小型初创企业对A公司的投资风险,解决了其后顾之忧,同时也进一步提高了小型初创企业加入该多赢商业模式的积极性。

(3) 银行

在"大众创业、万众创新"的时代背景下,银行是重要的投资资金的供给方。相比之前分散式地一家一家企业发放贷款,银行的交易成本以及面临的风险都较大。但在此多赢商业模式中,由A公司为多家小型初创企业统一提供贷款担保,贷款业务得以批量操作,集中发放,银行面临的风险大大降低。并且,从贷款金额的用途上看,小型初创企业将资金用于购买A公司的自动售货机,并从中能够获得较为稳定的收益,这便增加了小型初创企业偿还银行贷款的能力,降低了银行的坏账风险。

另一方面,在此多赢商业模式中,银行将资金贷给小型初创企业,满足了其发展的资金需求,银行成了促进创业型企业发展的有力推手。

(4) 创合邦等网络媒体

对创合邦等网络媒体而言,与 A 公司合作属于项目对接,能获得共享经济效应:一方面,创合邦为 A 公司提供广阔的资源平台,使更多的企业了解到 A 公司担保贷款的项目信息;另一方面,创合邦等网络媒体能以较优惠的价格在 A 公司自动售货机机身上投放宣传广告,节省了自身宣传推广的费用,随着 A 公司自动售货机点位的扩张,机身上创合邦等网络媒体广告的受众将大大增加,能够有效提高这些网络媒体的知名度。

2. 商业模式分析

分析商业模式的革新应着重关注该企业在市场中与顾客、供应商、投资人等合作伙伴的关系转变。A 公司目前的新型商业模式与以往的商业模式相比的创新之处主要体现在以下五个方面:

(1) 顾客方面,该新型商业模式突破了 A 公司以往关系营销模式的低效瓶颈,转而以提供银行担保贷款的方式,吸引了众多规模较小,资信不足,运营资金缺乏但又难以申请到银行贷款的小型初创企业的加盟。A 公司与顾客之间的关系由之前的被动推销产品变为了初创企业自己主动找上门来与 A 公司合作,因此 A 公司的市场点位拓展速度可以得到较大的提升。

(2) 供应商方面,在此多赢商业模式下,A 公司在收到小型初创企业的多个订单后进行汇总处理,避免了分散下单而导致的高昂成本。并且利用完善的物联信息系统,根据历史信息计算出利润最大化的设备、商品订货量,在保证市场需求的同时,降低仓储成本和不必要的资金占用。

(3) 银行方面,A 公司与银行之间的关系由之前的借贷关系变为担保关系。A 公司自身很难从银行拿到数额较大的贷款金额,但是通过为小型初创企业担保贷款的方式,各家小型初创企业再将贷款资金投资于 A 公司,化整为零,A 公司得以间接从银行获取总量可观的融资资金,有效解决了 A 公司目前面临的融资难与运营资金短缺问题。

(4) 创合邦等网络媒体方面,该多赢商业模式开发了 A 公司与创合邦等网络媒体合作的新模式,即项目对接。A 公司在创合邦等平台发布项目信息的同时,创合邦也能在 A 公司的自动售货机身上投放广告,互利互惠,缩减彼此的营销推广成本。

(5) 信息流方面,传统商业模式下与多赢商业模式下 A 公司信息流示意图如图 2-14 和图 2-15 所示。

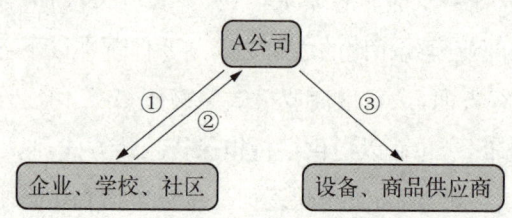

图 2-14　A 公司传统商业模式下的信息流

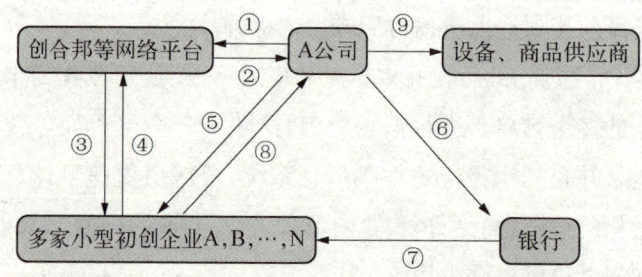

图 2-15　A 公司多赢商业模式下的信息流

如图 2-14 所示：

① A 公司向企业、学校、社区传递自动售货的价格、品质等信息。

② 决定购买 A 公司自动售货机的企业、学校、社区向 A 公司传递购买信息。

③ A 公司接到订单后，向设备、商品供应商传递采购信息。

如图 2-15 所示：

① A 公司向创合邦等网络平台传递针对小型初创企业银行担保贷款的融资项目信息。

② 创合邦等网络平台向 A 公司传递平台自身的广告信息。

③ 创合邦等网络平台将 A 公司的担保贷款融资的项目信息传递给多家小型初创企业。

④ 有意愿加入该担保贷款项目的小型初创企业将自身的申请表、财务报表等信息传递给创合邦等网站乃至 A 公司。

⑤ A 公司对小型初创企业的申报材料进行评估后，将通过审核的企业名单信息及担保贷款数额信息传递给小型初创企业。

⑥ A 公司向银行传递担保贷款信息。

⑦ 在 A 公司的担保下，银行向小型初创企业传递确认提供贷款及相应贷款利率、偿付年限等信息。

⑧ 收到银行贷款后，小型初创企业向 A 公司传递购买信息。

⑨ A 公司接到订单后，向设备、商品供应商传递采购信息。

对比图 2-14 和图 2-15 可以看出，相比在传统商业模式下的信息流，A 公司在多赢商业模式下的信息流明显增多，并形成了一个将 A 公司、小型初创企业、银行、创合邦等网络媒体、设备及商品供应商联系在内的信息网络。这说明在多赢商业模式下，A 公司的合作商增多了，其营销渠道、融资渠道都得到了有效扩展。

下面可以利用SWOT分析矩阵(表2-5),对A公司内部的优势和劣势,以及外部的机遇和威胁进行分析。

表2-5 SWOT分析矩阵

	优势(Strength)	劣势(Weakness)
机会(Opportunities)	SO战略	WO战略
威胁(Threats)	ST战略	WT战略

(1) 优势:

A公司创立于2015年,作为大学生创业的项目,相比于同行业的其他企业来说,可以享受更多的政策上的扶持,在创始团队的努力下探索出自身独特的商业模式,同时拥有众多的校友资源。与其他新兴的企业相比,无论在市场资源、人脉、政策等方面都存在着明显的竞争优势。

(2) 劣势:

① A公司自身市场营销模式存在着较大的弊病,以往依托业务员的关系营销模式效率低下,导致A公司市场点位扩展速度明显落后于同行业的友宝和米源等公司。

② A公司的融资渠道狭窄,目前主要的融资渠道是从银行获取有限的不动产抵押贷款,无法从外界获取更多更有效的融资,这导致A公司的运营资金不足并由此带来一系列的问题。

③ A公司目前在设备保有量、个性化服务方面与同行业的友宝、米源等公司相比存在一定的差距,市场影响力不足。

④ A公司在技术研发方面也存在着较多的问题,如缺少资金支持和科研人员等,使一些好的IT平台构建方案没有得到及时的投入与落实。

(3) 机遇：

① 近几年来，广大消费者对自动售货机的认知、接受水平和使用频率都在稳步上升。中国自动售货机专业委员会预测国内自动售货机市场还有很大的发展空间。

② 自动售货机的周边产业发展迅猛，比如，在线充值与缴费服务，零钱兑换服务与自动售货机的 IT 平台相结合等，这为 A 公司自动售货机功能研发与业务的扩展提供了新的选择。

③ 随着中国劳动力成本和租金的升高，将有越来越多的企业、社区、工厂、学校会以自动售货的方式代替人工售货，未来自动售货机的投资商也会大大增加。

(4) 挑战：

① 自动售货市场行业竞争日趋激烈，老牌自动售货机企业如青岛澳柯玛、上海米源的市场地位将更加巩固，后起之秀北京友宝公司为抢占市场点位提高佣金，同时新兴企业又不断涌现，这导致 A 公司面临的外部竞争环境十分严峻。

② 自动售货机新功能的不断研发与新型智能机型的面世，对 A 公司自身产品的研发提出更高的要求。

③ 目前 A 公司的业务网点主要集中在东南沿海城市，在内陆城市还需要进一步扩展点位，占领根据地。

3. 目前，公司常用的融资方式有哪些？请比较它们的优缺点

企业的融资方式分为两类：债务性融资和权益性融资。前者主要包括银行贷款、发行债券、民间融资和融资租赁；后者主要包括发行股票和增资扩股。

(1) 债务性融资

① 银行贷款。银行贷款按资金性质，分为流动资金贷款、固

定资产贷款和专项贷款三类。银行贷款融资方式的突出特点是利率低,减少了企业的融资成本,资金来源稳定,因此,银行贷款是企业最主要的融资渠道。但是,银行贷款同样存在着贷款门槛高、程序复杂、贷款期限短且受额度限制等不足。

② 发行债券。公司债券是企业依照法定程序发行、约定在一定期限内还本付息的有价证券。债券持有人不参与企业的经营管理,但有权按期收回约定的本息。在企业破产清算时,债权人优先于股东享有对企业剩余财产的索取权。企业债券与股票一样,同属有价证券,可以自由转让。一般规模较大、社会信誉良好的企业才会选择发行债券的融资方式。

③ 民间融资。民间融资是指在国家法定金融机构之外,企业支付高额利息给出资方以取得资金使用权而采用民间借贷、民间票据融资、民间有价证券融资和社会集资等形式暂时改变资金使用权的金融行为。民间融资的突出特点是利率高、弹性大,但借贷手续灵活简便。

④ 融资租赁。融资租赁是融资与融物的结合,兼具金融与贸易的双重职能,对提高企业的筹资融资效益,推动与促进企业的技术进步,有着十分明显的作用。融资租赁的形式主要有直接购买租赁、售出后回租以及杠杆租赁。虽然融资租赁的资本成本较高,相对于银行信贷而言,风险因素较多,但其优点更为突出,主要有简便、时效性强、到期还本负担较轻等。融资租赁业务为企业技术改造开辟了一条新的融资渠道。

(2) 权益性融资

① 发行股票。股票具有永久性,无到期日,无需归还,没有还本付息的压力等特点,因而发行股票对企业来说风险较小。股票

市场可促进企业转换经营机制,真正成为自主经营、自负盈亏、自我发展、自我约束的法人实体和市场竞争主体。同时,股票市场为资产重组提供了广阔的舞台,能够优化企业组织结构,提高企业的整合能力。但绝大多数股票市场对申请发行股票的企业都有一定的要求,因此对大多数中小企业而言发行股票的融资方式并不适用。

② 增资扩股。增资扩股是股份公司和有限责任公司上市前常用的融资方式。企业的增资扩股可以分为外源增资扩股和内源增资扩股:外源增资扩股是以私募方式进行,吸引国内外战略投资者和财务投资者;内源增资扩股是通过原有股东加大投资的方式增加企业的资本金。对于有限责任公司,增资扩股一般指公司增加注册资本。对于股份有限公司,增资扩股指企业向特定的对象发行股票募集资金。增资扩股的资金属于企业自有资本,无需还本付息,财务风险小。但与此同时,增资扩股也存在着融资成本较高和容易分散股权的缺点。

4. A公司、小型初创企业和银行在该多赢商业模式中面临着哪些风险?如何管控这些风险?请谈谈你的看法

(1) 风险的识别:

① A公司面临的风险:一些小型初创企业为了通过A公司的审核和获取更高的贷款金额,选择谎报公司的财务信息与经营状况,增加了A公司日后经营将要面临的风险。如:A公司为小型初创企业提供贷款担保后,小型初创企业违反合同规定,不将所得款项投于A公司;或在小型初创企业加入该多赢商业模式后,小型初创企业由于自身经营不善破产倒闭,A公司面临着偿还银行贷款的风险。

② 小型初创企业面临的风险：参与该多赢商业模式后，获取的收益难以或需要较长年限才可以抵消初始投资额、银行贷款和相应利息；当小型初创企业在达到盈亏平衡后，若要退出该商业模式，面临着老旧自动售货机的折旧能否抵消退出成本的风险。

③ 银行面临的风险：无法及时收回还款和相应利息。

(2) 风险的控制与规避：

① 控制并解决 A 公司面临的风险：A 公司在选择合作的小型初创企业时，需要对小型初创企业的品信资质、经营能力等各方面进行全面的实地核查，以减小日后由于小型初创企业资信问题导致的风险发生的可能性。

A 公司在与小型初创企业签订的合同中应有明确规定，小型初创企业获取 A 公司担保的银行贷款有两个前提条件：一是小型初创企业需要将所得银行贷款投于 A 公司购买自动售货机；二是小型初创企业在将所得银行贷款投于 A 公司前，以其一定的不动产对 A 公司作相应的抵押，当小型初创企业的获利已经完全偿还清银行贷款和相应利息后，之前的不动产抵押条款取消。因此，可以办理银行贷款的委托支付，即小型初创企业与银行签署贷款协议时，是由银行将贷款直接支付给 A 公司。

② 控制并解决小型初创企业面临的风险：为达到小型初创企业可以接受的盈亏平衡时间，综合考虑小型初创企业经营状况、发展前景、A 公司的收益等，A 公司选择与不同的小型初创企业制定不同比例的返利；同时，A 公司需根据机器的使用年限、机器状况等准确、严谨地制定机器折旧标准，以减少日后处理相关问题的分歧。

③ 控制并解决银行面临的风险：为了降低坏账风险，银行应

当对小型初创企业进行严格审核,从银行的风险控制角度分析确定发放贷款的可行性,审核贷款金额的合理性。银行对小型初创企业的贷款类似于个人办理信用卡,首先额度要小,单笔最高10万元;其次,小型初创企业个人股东提供担保;最后,A公司提供担保的同时,也要有动产即机器作为抵押。

5. 现实环境下,有很多行业如教育、保险、保健品等,都和之前的A公司一样,主要采取业务员的关系营销,试讨论类似行业如何在日趋激烈的市场竞争下谋求高效、可持续的市场营销方案

关系营销是把营销活动看成是一个企业与消费者、供应商、分销商、竞争者、政府机构及其他公众发生互动作用的过程。与传统的交易营销相比,关系营销关注的是如何保持与顾客的关系,高度重视顾客服务,并基于顾客服务提高顾客满意度,培育顾客忠诚度;关系营销的核心在于发展与顾客的长期、稳定关系,其涉及的关系包含了企业与其所有利益相关者间所发生的所有关系。

教育、保险、保健品等行业在现阶段仍然主要采用关系营销的模式,随着时代的进步,其在今后的发展中应注意以下几点:

(1) 促进中介机构的发展。中介机构有利于公司在较短的时间内拓展业务,有利于公司将核心竞争力转到产品设计和服务创新上来,极大地减轻了公司在营销管理方面的压力,鼓励公司走集约化、效益化的发展道路。

(2) 发展网络营销。网络营销具有如下明显的优势:

① 经营成本低。可以节约目前花费在营销员上的费用,节省广告宣传带来的印刷费、保管费。同时,通过降低营销总成本可以降低产品价格,更好地吸引客户。

② 信息量大,且具有互动性。网络不仅随时可以为客户提供

所需的资料,而且简洁、迅速、准确,极大地克服了传统营销方式的缺陷。

③ 节省营销时间,加速新产品的推出和销售。新产品设计出来后,几乎无需其他环节就可以立即进网宣传,供顾客选择。

(3) 大力扩展其他营销渠道:

① 媒体营销。所谓媒体营销是指公司利用大众传媒等工具传递公司和产品信息的一种营销方式,这种方式改变过去几乎不做广告的传统,通过高密集度的广告投放吸引目标客户。

② 方案营销。传统的销售是以产品为导向,而方案营销则创造了一种以客户需求为导向的全新模式,即从卖产品到卖方案。客户需要买什么样的产品,什么的产品是最适合你的选择,公司提供这样一个解决的方案给你。

多层次营销方式并存,借助现代科技手段的营销模式创新将成为未来营销方式的发展趋势。

(四) 理论依据及分析

1. 商业模式相关理论支持

商业模式的定义:为实现客户价值最大化,把能够促进企业运行的内外各要素整合起来,形成一个完整的高效率的具有独特核心竞争力的运行系统,并通过最优实现形式满足客户需求、实现客户价值,同时使企业实现持续赢利目标的整体解决方案。

商业模式的八大要素:"客户价值最大化""整合""高效率""系统""赢利""实现形式""核心竞争力""整体解决"。其中,"整合""高效率""系统"是基础或先决条件,"核心竞争力"是手段,"客户价值最大化"是主观追求目标,"持续赢利"是客观结果(图2-16)。

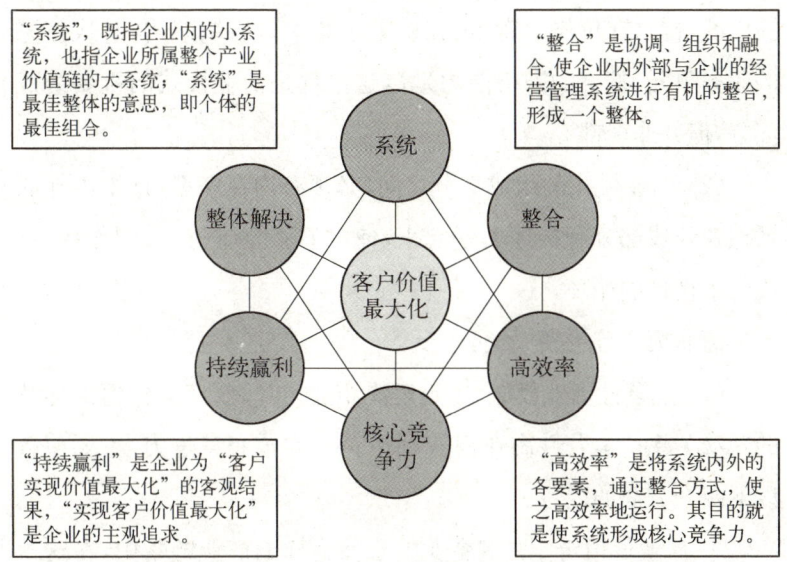

图 2-16

在 A 公司的多赢商业模式下,这八大要素体现为:该商业模式将 A 公司、小型初创企业、银行、创合邦等网络媒体以及设备、商品供应商整合成一个有机系统,通过银行贷款担保项目的实现和有效的设备、商品的物流配送,解决 A 公司资金短缺,小型初创企业缺乏投资项目经验,银行发放贷款成本高、风险大等诸多问题,实现各参与方的高效运作。银行贷款担保项目为 A 公司注入更多的资金,提高 A 公司的市场竞争力,同时充分考虑小型初创企业的盈亏平衡以及期末机器折价问题,实现小型初创企业价值的最大化,最终实现 A 公司和小型初创企业的持续盈利。

商业模式必须具有以下两个特征:

(1) 商业模式是一个整体的、系统的概念,而不仅仅是一个单一的组成因素。如收入模式(广告收入、会员费、服务费),向客户提供的价值(在价格上竞争、在质量上竞争)、组织架构(自成体系的业务单元、整合的网络能力)等,这些都是商业模式的重要组成部分,但并非全部。

(2) 商业模式的组成部分之间,必须有内在联系,这个内在联系把各组成部分有机地关联起来,使它们互相支持,共同作用,形成一个良性的循环。

商业模式分为两大类:

(1) 运营性商业模式,重点解决企业与环境、产业价值链环节的互动关系。运营性商业模式创造企业的核心竞争力,主要包含以下两个方面的内容:

① 产业价值链定位:企业处于什么样的产业链条中,在这个链条中处于何种地位,企业结合自身的资源条件和发展战略应如何定位。

② 赢利模式设计(收入来源、收入分配):企业从哪里获得收入,获得收入的形式有哪几种,这些收入以何种形式和比例在产业链中分配,企业是否对这种分配有话语权。

(2) 策略性商业模式,是对运营性商业模式的进一步扩展和利用,涉及企业生产经营的方方面面。

① 业务模式:企业向客户提供什么样的价值和利益,包括品牌、产品等。

② 渠道模式:企业如何向客户传递业务和价值,包括渠道倍增、渠道集中/压缩等。

③ 组织模式:企业如何建立先进的管理控制模型,比如建立面向客户的组织结构,通过企业信息系统构建数字化组织等。

2. SWOT 分析法

SWOT 分析法又称态势分析法,是一种能够较客观而准确地分析和研究一个单位现实情况的方法。SWOT 分析法是把组织内外环境所形成的机会(Opportunities)、风险(Threats)、优势(Strengths)、劣势(Weaknesses)四个方面的情况,结合起来进行分析,以寻找制定适合组织实际情况的经营战略和策略的方法。

优势是指组织机构的内部因素,具体包括:充足的财政来源、良好的企业形象、技术力量、规模经济、产品质量、市场份额、成本优势等。

劣势是指企业在竞争中相对弱势的方面,也是组织机构的内部因素,具体包括:管理混乱、缺少关键技术、研究开发落后、资金短缺、经营不善、产品积压等。

机会是组织机构的外部因素,具体包括:新产品、新市场、新需求、市场壁垒解除、竞争对手失误等。

威胁也是组织机构的外部因素,具体包括:新的竞争对手、替代产品增多、市场紧缩、行业政策变化、经济衰退、客户偏好改变、突发事件等。

3. 波特五力模型

五力模型是由麦克尔·波特于 20 世纪 80 年代初提出的用于竞争战略分析的模型,可以有效地分析客户的竞争环境。

五力模型确定了竞争的五种主要来源,即供应商和购买者的讨价还价能力、潜在进入者的威胁、替代品的威胁,以及来自同一行业的公司间的竞争。五种力量的不同组合变化,最终影响行业利润潜力变化。五力模型是用来分析企业所在行业竞争特征的一种有效的工具,一种可行性战略的提出首先应该确认并评价这五种力量，不同力量的特性和重要性因行业和公司的不同而变化。

4. 企业融资理论概述

融资是指各种资金的社会性融通。企业融资则是企业为满足其生产经营、对外投资和调整资本结构对资本的需要，通过一定的渠道和金融市场，运用一定的方式，集中资本的财务活动。

企业为实现有效的融资，必须关注两方面问题，即恰当的融资数量和比例，通过加强这两个方面的管理，既可以满足生产经营活动中所需的必要资本，又可以优化资本结构，降低资本成本。其中，融资数量的管理主要基于企业的投资规模、法律规定和企业自身的财务状况等因素；而融资比例即资本结构将会影响到企业的资本成本和财务风险状况，并且随着企业的财务状况变化处于不断调整之中。资本结构主要涉及两个内容：首先是负债和股东权益的比例，该比例影响企业的风险和报酬，是资本结构里最重要的内容；其次是各项负债的比例，该比例影响企业的综合资本成本。

企业在进行融资和投资活动中需要重点考虑财务杠杆作用，即当企业运用负债筹资方式（如银行借款、发行债券）时，只有在企业投资回报率 ROE 大于负债利息率 R 的情况下，企业的权益资本收益会由于负债经营而增加，从而使得权益资本利润率大于企业投资回报率，且负债比率（债务资本/资本总额）越高，财务杠杆利益越大。而若是企业投资回报率等于或小于负债利率，那么负债所产生的利润只能或者不足以弥补负债所需的利息，甚至利用权益资本所取得的利润都不足以弥补利息，而不得不以减少权益资本来偿债，这便导致财务杠杆损失。案例正文中的 A 公司和小型初创企业需借助明确的银行贷款数额、还款期限、返利和机器折旧标准衡量自身的 ROE 与 R 的大小关系,从而确定该多赢商业模式的可行性和具体操作。

(五)关键要点

(1)帮助学生提高根据不同产业的不同特征进行商业模式选择的能力;

(2)引导学生思考并比较不同融资方式的特点,并根据企业的实际状况选择出合适的融资战略;

(3)帮助学生思考企业如何解决开拓新业务与运营资金短缺的矛盾,探索企业融资的新模式,以解决当今众多企业面临的融资难问题;

(4)帮助学生思考企业如何利用自身的优势特点,选择合适的营销方案,开拓新市场。

(六)板书计划

融资方向板书计划如表 2-6 所示。

表 2-6 融资方向板书计划

A 公司的 SWOT 分析	国内自动售货机产业的五力模型分析
公司常用的融资方式的分析、比较	营销方案的制定与选择

(七)案例的后续进展

在 A 公司董事长李总的总体规划下,在财务刘总监的牵头实施下,A 公司顺利地对商业模式进行了转变,经过几个月的运行,各方面取得了很大的变化:

(1)加入 A 公司多赢商业模式的小型初创企业的数量不断增加,A 公司市场点位占有率不断攀升,公司运营资金也周转开来了。

(2)经过 6 个月的运行,A 公司在银行的资金流水大幅增加。

原来每个月的银行对账单只有一张的寥寥几笔,逐步增加到每个月有 5 至 6 张,进而得到了银行的支持,取得银行数额较大的信用授信额度。

(3) 收入有了巨大的增长,净利润出现了大幅增加;

(4) 第 9 个月公司获得了外部投资公司第一笔投资,计人民币 5 000 万元。

(5) 第二年启动了上市计划。

三、A 公司税务方向的案例使用说明

(一) 教学目标

案例通过对 A 公司利用"大众创业、万众创新"一系列优惠税收政策,创新了该公司税收筹划模式,旨在让学员更深切领会企业的税收模式。通过案例研讨,使学员可以:

(1) 了解企业所需缴纳的税种、基本含义、税率;

(2) 了解按税法规定的计税基础与按照会计准备规定的账面价值的差异,掌握以税收法为依据,计算企业计税基础;

(3) 掌握税收筹划的概念、特征以及税收筹划对公司的积极意义;

(4) 掌握"大众创业、万众创业"一系列税收优惠政策的具体含义和运用;

(5) 思考企业如何全面地考虑各项因素,针对不同行业来进行税收筹划,最大化企业的利润。

(二) 案例思考题

1. 企业所得税

(1) 请通过案例中的数据计算税收筹划前后 A 公司的企业所

得税。

① 企业所得税定义、计算公式和意义。

② 计算企业所得税额。

(2) 在企业所得税方面，A 公司税收筹划的政策依据。

2. 增值税

(1) 营改增是指以前缴纳营业税的应税项目改成缴纳增值税，请思考该政策的积极意义。

(2) 请简要阐述税收筹划前后 A 公司增值税的计算过程。

① 增值税的税率、计算公式。

② 计算 A 公司的增值税。

3. 税收筹划

(1) 税收筹划是企业合理节约成本，提升企业竞争力的重要方法。请结合 A 公司的案例，对该创新模式进行优势分析。

① 简要地通过数值来描述 A 公司税收筹划的经济优势，并阐述其中 A 公司是如何在该方案下运作的。

② 分析该方案对 A 公司、新公司以及点位所有者的影响。

(2) A 公司的税收筹划方案对于其他企业的启示。

(3) A 公司主要利用了税收筹划中的哪种方法？还有什么税收方面的优惠政策？

(4) 其他企业在进行税收筹划时还有什么其他切入点？

(5) 对 A 公司未来的发展提出一些建议。

(三) 分析思路

1. 企业所得税

(1) 企业所得税是对我国境内的企业和其他取得收入的组织的生产经营所得和其他所得征收的一种税。根据相关法律条文，我国企业所得税的税率为25%。A公司所缴纳的所得税源于其销售货物收入。

企业所得税的作用：① 促进企业改善经营管理活动，提升企业的盈利能力；② 调节产业结构，促进经济发展；③ 为国家建设筹集财政资金。

应纳税所得额＝收入总额－不征税收入－免税收入－
各项扣除－允许弥补的以前年的亏损

（2）为支持大众创业，我国政策包含了一些特殊的企业所得税优惠事项，如符合条件的小型微利企业减免企业所得税。政策规定，从事国家非限制和禁止行业的企业，减按20%的税率征收企业所得税。对年应纳税所得额低于30万元（含30万元）的小型微利企业，其所得减按50%计入应纳税所得额，按20%的税率缴纳企业所得税。案例中的新公司正好符合小型微利企业的条件，因此A公司巧妙地运用了这一政策，与众多新公司进行合作，从而达到减小所得税额的目的。

（3）原方案与现方案比较如表2-7所示。

表2-7 原方案与现方案比较　　　　　单位：万元

	项　目	原方案	现方案		
		A公司	A公司	新公司	合计
1	主营业务收入	2 800.00	2 100.00	3 276.00	5 376.00
2	减：主营业务成本	1 300.00	1 300.00	2 457.00	3 757.00
3	毛利	1 500.00	800.00	819.00	1 619.00
4	减：销售及管理费用	1 400.00	588.10	800.00	1 388.10
5	其中：点位租金费	500.00	0.00	500.00	500.00

续表

项目		原方案	现方案		
		A公司	A公司	新公司	合计
6	VAT附加	25.50	13.60		13.60
7	财务费用	100.00	100.00		100.00
8	会计利润	0.00	111.90	19.00	130.90
9	纳税调整	500.00		500.00	500.00
10	应纳税所得额	500.00	111.90	519.00	630.90
11	减：所得税	125.00	27.98	51.90	79.88
12	税后利润	−125.00	83.93	−32.90	51.03

由于A公司有500万元的场地租借费不能开发票，所以计算所得税时不应该考虑这一笔不纳税费用，因此A公司的应纳税所得额应是500万元(2 800−1 300−1 400−100+500)，乘以25%税率即得到A公司原本的所得税额，为125万元。而与新公司进行合作之后，这500万元不纳税的场地租借费交给了新公司承担。但由于新公司的所得税优惠政策，其应纳税额减半，为519万元［(3 276−2 457−800+500)/2］，并且其税率为20%，所以最后的应缴所得税仅为51.9万元。

2. 增值税

（1）作为世界上最主流的税种之一，增值税相比营业税具有很多优势。增值税与营业税是两个独立并且不能交叉的税种，两者的差异体现在其征收的对象、税率、计税的依据、征税范围、税目以及征收管理等。营改增的最大特点是减少重复征税，可以说是一种减税的政策，有利于降低公司的税赋。在当前总体经济情况下行，压力较大的背景下，全面实施营改增，可以促进有效投资带动供给,以供给拉动需求。从企业的角度来看,如果盈利能力得以提高,就有可能进一步推进转型发展。各个个体企业的转型升级,无疑将有助于实现整个产业乃至整个经济体的结构性改革,这也是推动结构性改革尤其是供给侧结构性改革和积极财政政策的重要内容。

(2) 根据相关法律条文,增值税的征收范围为在中华人民共和国境内销售货物或者提供的加工、修理修配劳务和应税服务以及进口的货物。根据其税率、征收率及适用范围(见表2-8),A公司需缴纳17%的增值税。

表2-8 各类增值税税率

纳税人	税率或征收率	适 用 范 围
一般纳税人	基本税率为17%	销售或进口货物、提供应税劳务
	低税率为13%	销售或进口税法列举的货物
	零税率	纳税人出口货物
	征收率	采用简易办法征税适用4%或6%的征收率

① 销项税额:销项税额是指纳税人销售货物或者应税劳务,按照销售额和增值税税率计算并向货物购买方收取的增值税额。

计算公式:

$$销项税额 = 销售额 \times 税率$$

纳税人销售货物或者应税劳务的价格明显偏低并无正当理由的,由主管税务机关核定其销售额。

计算销项税额的销售额:销售额是指纳税人销售货物或者应税劳务向购买方收取的全部价款和价外费用,但是不包括收取的

销项税额。一般纳税人销售货物或者应税劳务,采用销售额和销项税额合并定价方法的,按下列公式计算销售额:

$$销售额 = 含税销售额 \div (1 + 税率)$$

② 进项税额:进项税额是指纳税人购进货物或者接受应税劳务所支付或者负担的增值税额。准予从销项税额中抵扣的进项税额包括从销售方取得的增值税专用发票(含货物运输业增值税专用发票、税控机动车销售统一发票)上注明的增值税额。在 A 公司原先的商业模式中,A 公司放置抓娃娃机的场地无法提供增值税专用发票,因为该收入不是这些场地的经营业务。这就导致了 A 公司的实际支出无法体现在进项税中。

③ 增值税一般纳税人应纳税额为当期销项税额抵扣当期进项税额后的余额。计算公式:

$$应纳税额 = 当期销项税额 - 当期进项税额$$

因当期销项税额小于当期进项税额不足抵扣时,其不足部分可以结转下期继续抵扣。增值税小规模纳税人销售货物或者应税劳务,按照销售额和规定的征收率计算应纳税额,不得抵扣进项税额。

3. 税收筹划

(1) A 公司在税收筹划前,独自承担企业所得税额 225 万元,实际上公司亏损了 125 万元。而进行了税收筹划的商业模式革新之后,A 公司通过与新公司合作,将 500 万元无法开增值税发票的场地租借费交给了新公司承担,再利用较低的售价将产品卖给新公司。A 公司税前利润为零,不需要缴纳企业所得税。新公司利用所得税优惠政策和增值税优惠政策,减免企业所得税以及免除增值税,并且使A公司达到盈亏平衡点,而从A公司和新公司整体来看,净利润为51.03万元。

① A公司以及新公司。一方面,该新型盈利模式通过合理避税的方式,为公司节省了一大笔资金。尤其是对于刚刚起步的A公司来讲,现金流是至关重要的。现金流是企业生存和发展的基础,在市场经济条件下,企业现金流量在很大程度上决定着企业的生存和发展能力。因此,资金的流转率提高使得A公司有资本发展自己的商业潜能,挖掘更多商业机会,从而扩大市场份额,最终获取长期的收益。另一方面,该新型税收筹划模式突破了A公司主要依靠营销团队跑市场拉客户的低效瓶颈。在此多赢商业模式中,A公司由产品的推销者变为服务、产品的提供者,使A公司传统的关系营销模式得以创新。通过与多家小微型创业企业合作,A公司能够高效地将自动售货机和商品投放于该多家小微型创业企业网点,这将会大大提高A公司的市场扩展速度与市场点位占有率。

② 点位所有者。对于市场点位所有者,A公司的税收筹划对其经济利益无显著影响。但由于其供应商的增多,即新公司自动售货机的供应,能就近快速地满足自动售货机需求,市场点位所有者的运营效率能得到显著提升。

(2) A公司主要通过减免的技术,即利用政策上的优惠来进行税收筹划的。税法中有很多优惠政策,比如说减免税条款。除了对符合条件的小型微利企业,减按20%的税率征收企业所得税外,还有其他很多减免条款。例如,出口退税政策、软件开发公司税收优惠政策等。纳税人可以根据各项减免条件尽可能地附和条件设定使纳税人享受减免税的优惠,以此达到降低成本的目的。

通过A公司的税收筹划案例,其他企业也可以发现税收筹划的重要性和优势性。在国外,特别是西方发达国家,税收筹划对一家企业甚至是个人来说都很普遍,但是在我国尚处于起步阶段。其他企业,特别是对于小微型创业企业来说,利用政策优惠做好税收筹划可以有效地降低其财务费用,减少现金流的压力。税收筹划作为一种手段具有广阔的前景,而它的方式不仅仅局限于减免技术。事实上,还有很多其他税收筹划的切入点。

税基筹划法主要通过降低税基的方式。例如,资金筹措中的税收筹划集中于如何降低税基,可以通过发行债券筹资等债务融资方式利用利息来降低税基,而股票则是按税后利润进行分配,不能有效降低税基。税率差异法是利用税率的差异而直接节减税收的税收筹划技术。例如,国家间的税收差异使跨国公司通过将利润转移到低税率国家的方式来合理避税。

(3)A公司的战略转型不仅可以在极大限度上为A公司减小税收成本,增加现金流,也可以增加微小型创业公司的商业机会,从中谋取利润,拓展业务往来,还可以拓展市场点位,提升贩卖机市场的运营效率等,优点众多。但另一方面,这种战略转型实质上是巧妙避税的一种措施,它仍然存在一定的风险。首先,它存在政策风险。利用政策优惠是税收筹划的重要方法之一,但同时也会有政策风险。政策风险主要包括政策选择风险和政策变化风险。政策选择性风险主要来自筹划人对政策理解不透、把握不准。即筹划人的行为实际上不符合国家的法律法规。政策变化风险主要指政策时效的不确定性。为了适应不同时期市场的情况及时调整经济结构,一个国家的税收政策是不可能固定的。随着经济形势的变化,会不断地对现行的税收法律法规进行补充和修订,不断推陈出新来适应经济发展。其次是执法风险。在我国税法执行过程中,税收行政执法部门拥有具体税收解释权,因此税收筹划的合法性要得到税务行政执法部门的确认。如果有一定偏差,筹划方案可能会被认定为偷税或恶意避税行为。企业不但得不到税收利益反而会加重税收成本,背离税收筹划的最初目的。因此,税收筹划只能为公司的未来发展提供垫脚石。而要想真正地扩大市场份额,谋求更大的长期利益,A公司应从自身运营的角度考虑,例如,如何提升公司的内部实力,如何从真正意义上减小生产运营的成本,如何提升科技发展水平等。

(四) 板书计划

税务方向板书计划如表2-9所示。

表2-9 税务方向板书计划

企业所得税	增值税
了解优惠政策	公司的税收筹划

第三章 B公司应用案例写作

第一节 B公司案例相关背景介绍

一、家用电器行业背景

近5年来,中国家用电器行业产值增长迅猛,年均增长率保持在9.2%(www.askci.com);2016年中国家用电器交易额达14 605.6亿元,累计同比增长3.8%(www.jieju.cn)。同时,随着经济水平和生活质量的不断提升,人们对家电产品设计的创新性、个性化及人性化都提出了更高的要求。一部分注重个人感受、乐于享受生活的消费者期望家用电器的设计更加靓丽、更加贴心,使其在使用家用电器的过程中,能够感到轻松和舒适;一部分对生活效率有高要求的消费者,如上班族,则期望家用电器的智能化程度更高:电饭煲拥有能够预约在下班前半小时开始自动煮饭的功能,能够让他们一回家就能够吃上现成饭(cul.china.com.cn)。此外,中国制造业正在进行从"中国制造"到"中国智造"的变革,品牌商对家用电器内置软件设计的需求不断增加。这一系列变化给从事家电产品外观设计和技术研发的企业带来了大量的机会,家用电器设计逐渐成为朝阳产业,其产业链主要由以下五部分组成:

（1）材料生产商，包括主要材料和辅助材料生产商。该部分的特点是认证资质壁垒较强，市场集中度高。由于下游家电行业市场较为集中，单一品牌的生产数量巨大，同时品牌商在与材料生产商形成稳定供货关系后不会轻易更换，因此主要的材料生产商都有各自的"核心客户"。同时，由于国家不断提升对家电材料的环保要求，使得这类型材料更新换代快，对企业造成了较大的库存压力。反映在市场格局上就是材料生产商在除了核心客户之外的市场存在比较激烈的竞争。

（2）加工厂，也称代工厂。主要根据客户提供的设计图纸或产品样品，按照客户的设计要求，公司提供技术人员并利用自身的设备进行加工。该部分的特点是前期投入大。其主要赚取的是加工费，随着劳动力成本的增加，加工费越来越低，企业间竞争很激烈。

（3）设计公司，主要从事家用电器设计。其特征是投资小，主要是两个"脑袋"，即人脑加电脑。由于准入门槛低，该领域竞争异常激烈，新的设计公司就像雨后春笋般地不断冒出。

（4）品牌公司。家电行业存在软壁垒，一线品牌凭借其强大的品牌张力、渠道控制力、规模效应、较强的研发能力及迅速的市场反应速度等优势，不断巩固和强化其龙头地位，行业品牌集中度高。主要品牌之间以及小品牌之间竞争激烈，而主要品牌与小品牌之间的竞争相对不太激烈。

（5）销售商，主要是渠道商。其特点是资金投入大，具有较高的资金准入门槛。除此之外，新兴渠道商不断扩大服务范围，占据主要的市场。传统的家电经销商在失去原有市场的同时，上游家电厂商的垂直整合使其市场份额被进一步压缩。同时，渠道商经常掀起的价格战和促销战使其竞争者的成本增加、利润降低，企业之间竞争激烈。

二、B 公司背景

B 公司就是这样的一家家用电器设计公司,由李总一手创办。2004 年 6 月,李总以优异的成绩毕业于上海交通大学工业设计专业,并在同年 9 月进入美国密西根大学罗斯商学院攻读 MBA。毕业后,李总进入了美国著名的设计事务所——CesaroniDesign,在家用电器设计部门任职,经个人努力,在进入公司三年后,李总成为设计部门的主管,主要负责公司的家电设计项目。2011 年 8 月,李总在回国休假期间对国内的家电市场进行了一番调查,调查发现,经济水平和生活质量的提高使得消费者逐渐着眼于产品设计的个性化、功能多样化及人性化,这就意味着在未来很长时间内高品质电器设计的需求将大幅增加。然而,当时市场的情况是:相较于外资设计所而言中国本土设计师独立设计的产品都十分粗糙,优秀的家电设计绝大多数出自外资设计所,国内品牌商不得不以高昂的价格购买外资设计所提供的家电设计。因此,一方面,本土家电设计企业大多数收入较低,导致国内家电设计产业发展停滞;另一方面,国内品牌商利润微薄,企业成长受阻。怀着改变国内设计落后面貌的梦想以及对创业的满腔热情,李总毅然辞去高薪工作,与 Market&Design 的运营主管张先生以及 MBA 班的两位同学刘先生和王先生共筹资 70 万元,于 2012 年 1 月在上海注册成立了 B 公司,公司自 2012 年 8 月起正式运营。

B 公司位于上海市浦东新区的张江高科技园区内,邻近的大楼里有多家电子科技企业,后方是一个艺术馆,约 500 米外是地铁 2 号线金科路站的入口。B 公司设立在一栋大厦的 7 楼,面积约为 300 平方米。公司拥有外观设计师 8 名、软件工程师 7 名、销售人员 12 名、运营助理 3 名、人事专员 1 名、财务助理 2 名。

B 公司的主营业务是为品牌商提供家用电器的外观和配套软件设计,涉及的家用电器种类主要包括热水器、空调、智能冰箱、电磁炉和榨汁机等,主要帮助家电生产企业设计产品外观、结构、机构以及配套软件,然后将设计方案整体卖给品牌商,进而一次性收取家电产品方案设计费,每单产品设计方案收费从 20 万到 50 万元不等。

在将家电设计方案交给对应品牌商的同时,针对每一种设计方案会随交一份 BOM 表(即材料清单),并在 BOM 表上详细列出主要或核心材料构成及相应的参考单价。根据 BOM 表可以估算出每台设备的预计单位成本,品牌商据此估算出设备单位成本,进而预测其销售和指导制定该款设备的未来销售单价。

与 B 公司主营业务流程有关的信息流、资金流、物流如图 3-1 所示。

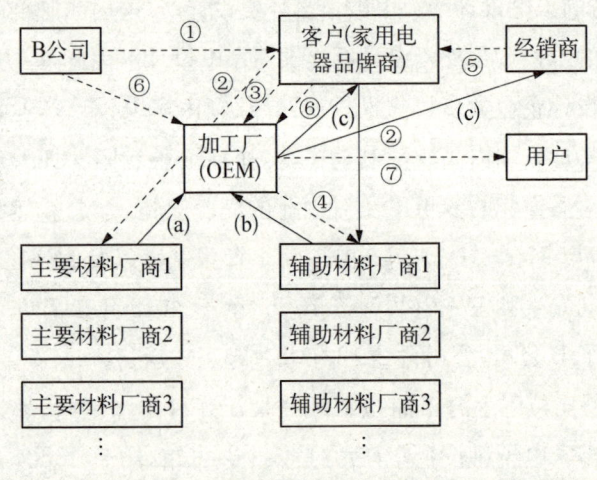

图 3-1

注:虚线表示信息流,实线表示实物流,下同

(1) 订单确定流程：① B 公司提供若干款家用电器设计方案给客户选择，并基于客户选中的方案提供所对应的单台家用电器的 BOM 表和报价，双方签订合同后一次性或分次支付方案设计费，并按签订的设计合同约定付款方式付款；② 客户基于 BOM 表以及需要的家用电器数量，向主要材料厂商下材料采购订单，同时约定让主要材料厂商按要求将主要材料按时送到指定的加工厂(OEM)，客户基于加工厂的材料接收单及后续家用电器整机出货量等单据，与主要材料厂商结算材料款。

(2) 生产流程：③ 客户同时向委托加工厂下订单，委托加工厂按要求生产家用电器整机，并基于加工厂的实际交货量结算加工费以及代购的辅助材料款成本；④ 加工厂向辅料材料厂商下订单购买辅助材料；(a) 主要材料供应商按客户的要求将材料送至加工厂；(b) 辅助材料供应商按加工厂的要求将材料送至加工厂。

(3) 结算流程：(c) 加工厂将家用电器整机送给客户或客户指定的地址(经销商)，并将相应的收货单据交给客户，进而进行加工费及代购辅料款入账。

(4) 售后服务流程：⑤ 经销商将需要维修的产品信息反馈给客户；⑥ 客户与加工厂协商进行产品维修的时间；⑦ 加工厂的技术工人按照约定的时间为产品用户进行上门维修服务。

三、B 公司的发展困境

一方面，国内知名家电品牌商大多拥有自己的设计部门，同时凭借雄厚的资金优势既吸引了大批人才又创造了优越的研发条件，比如在企业内建立知识管理平台——建立以产品种类或项目分类的设计和技术信息共享平台和相关专业知识收集、共享平台,提升设计人员和技术研发人员创新的起点(www.amt.com.cn),使得其设计产品和研发技术均处于行业领先地位。2016年,美的在中国家电艾普兰大奖中获得包括产品奖、设计奖在内的10个奖项(news.cheaa.com);2006—2016年,海尔引领空调设计和技术发展,9次获得被誉为"设计界奥斯卡"的iF设计大奖(www.kejixun.com);2016年,美的凡帝罗BCD-532WGPZV法式冰箱和小天鹅比佛利7188系列波轮洗衣机荣获德国工业设计大奖——红点奖。这给传统的家用电器设计公司的生存和发展带来很大压力。

另一方面,B公司还受到其同行业竞争对手的影响,进入壁垒较低是导致家电设计行业竞争激烈的一个重要原因。就上海本土而言,B公司还受到其多年的竞争对手甲公司的威胁。甲公司主营业务与B公司相同,虽然成立时间比B公司晚3个月,却后来居上。成立仅一年时间,甲公司就与数家知名家电生产销售企业签订合作协议;同年8月,甲公司在同行中高薪挖角,并在业内知名设计比赛上获得金奖,声名大噪,市场占有率迅速上升;在2014年初,甲公司市场份额超越B公司成为行业第一。那时甲公司已经拥有了从产品设计研发到整机交付的一整套体系,其推出的产品无论是从外观上还是功能实现上均受到广泛的好评,已然是家电设计行业公认的龙头企业。但甲公司发展的脚步并没有停下,2014年8月,甲公司开始进行公司资产重组,组建甲控股有限公司,同时引进国际知名创投基金,发展成为长期战略投资者,进一步扩大业务规模。

第二节　B公司应用案例正文

一、B公司战略方向的案例正文

B公司的战略转型之路

摘要： 在国内家电行业市场快速发展的时代背景下，家电设计行业竞争日趋激烈。B公司主要从事家电设计活动，为品牌商和家电制造公司提供设计服务，在创办初始阶段取得了良好的业绩。然而近几年来，B公司却面临着难以突破的发展瓶颈，面对同行业甲公司的迅猛发展，B公司面临着巨大的压力。本案例分析了目前国内家电设计行业的发展现状，记录了B公司为突破发展瓶颈所进行的战略探索、商业模式创新与工业设计转型的选择。

关键词： 家电设计行业；商业模式；战略转型

0　引言

2014年8月中旬的某一天早晨，太阳缓缓升起，"秋老虎"已悄悄来到了上海。李总来到公司办公室后，作为例行事务，登录财经网，浏览了当天的重要财经新闻。"甲公司正在进行公司资产重组，组建甲控股有限公司，同时引进国际知名创投基金，发展成为长期战略投资者。"这篇新闻报道引起了李总的注意，他陷入了沉思……

在过去的两年，B公司从只有十几人的工作室逐渐发展壮大，并于2013年销售收入首次突破1 500万元,实现利润600万元。其设计出的产品在市场上也获得了一定的认可,客户忠诚度较高,市场占有率居行业首位。然而,由于传统的家用电器设计公司的进入壁垒较低,该领域竞争非常激烈。面对竞争对手甲公司的迅猛发展,B公司该如何发挥其优势,巩固其市场地位并与之抗衡呢?

思考到这里,李总觉得这跟公司的战略目标有关,关乎公司的长远发展,在制定战略之前,必须清楚地知道公司自身在整个行业中所处的位置。李总立刻叫来助理,说道:"徐助理,你通知一下公司各部门的经理,请大家上午10点到会议室开会,会议内容重要,不得缺席!"

1　确定整体战略目标

上午9:50分左右,徐助理通知的公司各部门主要负责人(见附录)陆陆续续到了公司会议室。然而他们惊讶地发现,李总早就坐在了会议室里,表情严肃,仿佛在思考着什么。

"公司运转出现了什么问题吗?""我的工作近期出现了什么差错吗?"参会人员心里这样嘀咕着,却没有人敢问些什么,默默地坐在自己的位置上。

"人都到齐了吧,甲公司比我们公司晚成立4个月,看到他们现在取得的业绩,大家有什么看法?"李总这样说道。

首先,财务部门的刘经理站了起来,说道:"针对这篇报道,我先来补充几个数据:在员工人数方面,甲公司的员工是我们的2倍,但是营业收入是我们的15倍,利润是我们的5倍。"

市场营销部陈经理发言道:"我认为甲公司的迅速发展离不开

大额的对口订单和优秀的营销团队。一方面,他们与海尔、飞利浦等家用电器公司实现了长期合作,他们去年就得到了海尔的设计订单,有一款高端冰箱的销量就有2万台,销售总额达4亿元人民币。另一方面,他们的营销队伍也比较大,专业的营销人员就有30名,而我们只有14人。"

"我们去年有一款洗衣机,由于各种原因迟交了设计图,导致客户不仅拒付设计费,还向我们索要赔偿,造成了180万元的损失。公司另一个比较突出的问题就是我们对代工厂加工的产品无法进行生产质量监督,导致产品多次出现质量问题,而顾客通常又把这些问题不同程度地归结到我们的产品设计上来。"运营部王经理这样解释道。

设计部薛经理插话道:"现在我们公司的软件设计能力跟不上。之前的核心工程师小罗被其他公司高薪挖走了,直到现在,这个岗位还空缺着。"

人事部唐经理立刻反驳说:"但是我们公司提供的工资待遇对人才并没有足够的吸引力,人事部几乎每天都在浏览简历,每周都有面试安排,之前也发出过好几份offer,但候选人全都因为对工资不满意而选择放弃。"

"我今天找你们来,不是来听你们抱怨的。"李总说道,"大家有没有想过甲公司现在已经是行业第一了,为什么他们还要继续引进战略投资者呢?在座的各位都是我们公司的高层管理人员,有没有认真地想过我们公司的目标是什么?我们未来要成为一家怎样的企业?"李总停顿了片刻,喝了口茶,继续说道:

"坦率地说,自公司成立以来,我们的营业额从零开始做到现在已经上亿,取得的进步和成绩我原本还是比较满意的。但是大家有没有发现,虽然我们在取得进步,但同行业的竞争者比我们进步得更快。那么相对来说,我们就是在退步。我今天想知道的是,我们未来的规划是什么?我们不能再沉浸于过去的进步中了……"

李总站了起来,环顾了每一位参会人员后,继续说道:

"我们与甲公司的差异并不仅仅是刚刚刘经理所提到的几个数字的差异,而是我们在目标上的差异。换个角度想想,如果我们读书时认定60分万岁,那怎么可能上顶尖高校呢?大家认为甲公司这样做的战略目标是什么?"

"肯定想上市!"薛经理和唐经理异口同声地说。

"很好,我也是这么认为的,甲公司现在肯定在做上市准备。各位想想,如果甲公司成功上市,这对我们公司的后续发展意味着什么?"李总继续问道。

大家在短暂的讨论后,很快达成共识:规划公司在3年后上市,并力争尽快超越甲公司,提高市场占有率,提升品牌影响力。

2 B公司的战略转型

经估算,B公司要迅速做强做大,达成战略目标,赶超甲公司,必须要制定更加详细的战略转型计划,如何成为行业中的佼佼者,如何找到企业价值的创新点,这是B公司要考虑的重中之重。

2.1 商业模式创新

B公司的主营业务是家电设计,利润实现主要依靠的是上游客户的家电设计需求,与上下游产业链合作紧密,依赖性较强,传统的家电设计行业面临着发展期的瓶颈,如何实现战略转型,结合互联网时代特色，与整个家电行业实现共同发展进步，整合行业资源，创造更大的商业价值，是 B 公司当前面临的首要问题。

李总思考到这里，忽然想起前两天方老师在朋友圈里分享的一篇关于中小型企业战略转型的文章："对啊，方老师最近两年一直在关注和研究中小型企业的发展，说不定，她会有一些新的看法！"想到这里，李总立刻给方老师打了一个电话，约定周一上午10点到方老师办公室讨论企业战略转型的问题。

周一上午，李总提前 10 分钟来到了方老师的办公室。

"方老师，好久不见啊，这次一来就要麻烦您。"李总边说边走进办公室。

方老师看到李总来了，就放下手中的期刊，示意李总坐在办公桌对面的椅子上，之后说道："没事，我们做学术的能够帮助企业解决一些实际的问题也算是学以致用了。更何况你是我的学生，能够帮到你我也很开心。知道你当老总的，事情比较多，时间都很精贵，那我们就直奔主题吧，你先把公司现在的情况详细地和我说说。"

"好的。"李总也不拘束，说道，"我们公司是一家家用电器设计公司，主要通过给品牌商设计家电赚取设计费用。我们的主要竞争对手甲公司现在发展速度比我们快得多，如果我们不加快发展步伐，很快就会被甲公司远远地甩在身后。所以我和公司的高管制定了新的发展战略，想要快速成长，突破自身的发展瓶颈，进行适当的战略转型，为企业的生存与发展谋求更好机会，规划公司在3年后上市。为顺利实施战略转型，我们需要制定更加详细的战略转型计划，但我们在如何创造更大的商业价值方面，还是感觉迷茫。今天来找您，就是想听听您的一些看法，给我们公司提供一些指导。"

方老师思考了片刻之后说道："那天和你通过电话之后，我也仔细思考了几天，家电设计行业的整体发展前景是好的，但在这个大背景下，如何突出你们企业的优势，找准企业生存发展的位置，更好地结合互联网、大数据发展的时代背景，我想这是你们公司进行战略转型的重点。"

李总说道："是啊，我们公司近几年来，也一直在寻求突破，然而虽然公司在努力发展，但是近几年来，公司的营业额增速却总不尽如人意；另一方面，我们是设计服务类公司，收入来源主要靠技术人员的设计费用，对上下游客户关系依赖很强，公司想要快速发展总有点儿受制于人的感觉！"

方老师边说边拿出了纸笔，在纸上画出了B公司现有的商业模式说道："你说得很对，你们现在是一个单纯的设计服务公司，只是把设计图纸交给客户之后就结账了，营业收入仅仅来源于家用电器的设计费。你们跟上游的品牌客户，下游的材料加工厂更多的都是一种合作关系。"方老师喝了口水，停顿了一下，接着说：

"针对你们这类家电设计公司，我认为你们实施战略转型可以从探索新的商业模式开始，你们可以在设计完成之后，自己委托工厂加工生产再卖给客户。这样做的第一个好处就是材料费和加工费能在你们公司的账上反映，银行流水增加，这样能提高你们的银行贷款额度，你们能够获得更多的资金支持；第二，就是这种商业模式能够有效整合产业链优势，材料供应商、设计公司、加工厂，很好地联系在了一起，这样你们公司才会有更大的发展空间！"

李总一下站了起来，激动地说："对，老师，还是您有办法，我们之前在会议上一直讨论如何与上下游客户达成密切合作，谋求长远发展。按照您刚才说的商业模式的设想,我们的利益是相互依存的,产业链优势能够被很好地利用起来,这正是我们所希望的呀,这个契机正是我们公司转型的目标呀!"

"只不过这个新的商业模式也有一定风险,你们需要自己找代工厂,把控材料质量、生产质量、交货时间等,公司的业务变得更加复杂,管控风险也会增加,任何一个环节出现问题都可能会对公司造成负面影响。"方老师补充道。

李总经过短暂的思考后说:"您所说的风险确实存在,但战略转型本来就相当于是第二次创业,总归得冒风险,现在不冒险,公司就会被淘汰,以后就没险可以冒了。而且在风险预知的情况下,只要加强事前监管,风险是可以被控制的。"

在与老师继续讨论,确定一些商业模式创新的细节后,李总低头看了看表,已经11点半了,于是说:"老师,今天真是太感谢您了!现在也快到午饭时间了,这样吧,我们中午一起吃顿饭,我请客。"

"吃饭就不用了,我下午还要赶到北京去参加一个学术会议,下午2点的飞机,也该走了。"

"那等您从北京回来一定通知我,这顿饭我一定要补上!"

"行,到时候再联系。"

与老师道别后,李总走出办公室。他再次仔细思考着老师提出的商业模式转型创新方案,露出了久违的微笑。看着被阳光照亮的走廊,李总觉得B公司未来的发展之路也明亮了起来。

李总回去后,与各部门经理再次共同探讨了商业模式创新支持公司战略转型的问题,大家一致认为这是一个很好的策略。另一方面,B公司经理层为寻求更多发展可能,制定了详细的工业设计转型策略。

2.2 工业设计转型

传统的家电设计行业的业务模式大多是根据品牌商的客户需求而定制的,在产品设计方面缺乏自主创新的意识,B公司制定的战略转型第一个突破就是要在工业4.0的时代要求下,利用CMF (Colour Material Finishing)平台,与同行业的优秀企业相互交流,整合行业资源,共同探索、强调共创、共赢。同时,结合家电制造业转型趋势,在提供设计服务时,注重人文关怀;从消费者需求出发,采用"交互设计""交互体验"的方式创新产品设计,充分考虑家电产品的外观定制和功能需求;整体来说,在家电设计业务方面,B公司要从产业链的被动位置争取变为主动的位置,注重家电产品设计中对色彩、材料、加工程序的细节处理,引领家电设计行业的设计趋势,目的是要让更多的品牌家电公司来寻找与B公司合作,提升品牌影响力,把握先进的设计理念,提升公司核心业务的竞争力。

3 六个月之后

基于方老师的建议以及董事会管理层的讨论,确定B公司的战略转型方案,之后在财务部刘经理总体规划和运营部王经理的牵头实施下,B公司顺利地对商业模式进行了改变,启动战略转型计划。六个月后,公司取得了非常大的变化:

(1) 公司在银行的资金流水大幅增加。原来每个月的银行对账单上的流水就只有寥寥几笔,现在增加到每个月至少有5笔。B公司获得了2 000万元的银行贷款支持。

(2) 同时随着采购量的增加,在与材料供应商谈判时,公司的议价能力有了大幅提升。其直接结果是材料购销间的差价不断增大,材料毛利率达到10%~30%,甚至更多。

(3) 收入有了显著的增长,虽然最后反映的销售净利润率下降了,但净利润绝对值大幅增加。

(4) 将已获得的融资资金投入到工业设计转型计划中,实现家电设计的新突破,争取获得越来越多的主动权。

(5) 2016年年初启动了上市计划,同年8月,B公司在美国成功上市。

附录　B公司组织构架图

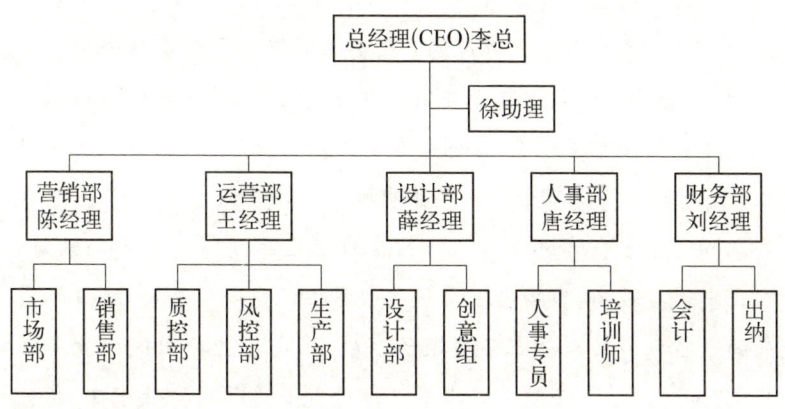

二、B公司融资方向的案例正文

B公司：基于商业模式创新的融资决策

摘要: B公司是一家刚成立不到三年的家电设计公司,虽然处于有利的经济环境之中,但面对竞争对手的迅猛发展,"慢进也是一种退"。只有通过融资,迅速扩大规模,将公司做大做强,公司才能重新回到行业的前列。但

B公司资产轻、规模小,在现有的经营模式之下,无法融到足够的资金。在进行多次的尝试之后,B公司的CEO——李总通过改变公司的收入模式,通过银行信用贷款融到了足够的资金。本案例要求学生对案例涉及的收入确认原则、融资方式和相关成本以及可行的条件进行了解。

关键词:商业模式;收入确认;融资决策

1 融资目标明确

家用电器已成为日常生活中必不可少的一部分,家用电器设计行业整体发展前景是可观的。B公司的市场定位是从事家电设计活动,企业价值核心在于提供家电外观设计、功能设计等服务。

过去的两年多以来,B公司在李总的带领下,从只有十几人的工作室逐渐发展壮大,2013年销售收入首次突破1 500万元,实现利润600万元。其设计出的产品在市场上也获得了一定的认可,客户忠诚度较高,市场占有率居行业首位。然而甲公司2013年以来的迅猛发展让李总有了深深的危机感,同行业公司间的竞争本应是"不进则退",而就现实来看,"慢进也是退"啊,他低下头来,开始了深深的思考。时不我待,李总立刻召集各部门经理讨论B公司未来的发展战略。

在会议上,财务部刘经理指出:甲公司的员工是B公司的2倍,营业收入是B公司的15倍,利润是B公司的5倍。李总与参会的经理们一致认为公司发展速度很大程度上是由其发展目标决定的,并在讨论后明确了B公司的发展目标:在短期内实现快速发展,规划在3年后上市。可是经估算,公司要迅速做大做强,达成战略目标,一年内至少需要新投入人民币约 2 000 万元,这笔资金从哪里来?

2 融资方案的尝试

为融到实现公司战略目标需要的资金,李总尝试了多个融资方案:

2.1 内部融资

在确定公司目标后的第三天,李总召集了张先生、刘先生和王先生,表示希望他们能够追加投资。但是张先生在 Market&Design 的职位不高,刘先生和王先生在投资 B 公司之前是公务员,都没有太多积蓄:张先生愿意将本准备支付住房首付款的 150 万元投资给公司;刘先生说明,自己与妻子商议后,最多能再给公司投资 100 万元;王先生表示之前投资的钱是向亲戚和朋友借的,这笔钱在 1 个月前刚还清,现在没有存款进行投资。李总自己能够投资 200 万元,加上张先生和刘先生投资的金额,最多筹款 450 万元,与 2 000 万元的融资需求相去甚远!

2.2 银行贷款

李总同时委派财务部刘经理与中国农业银行某分行协商,进行银行贷款。刘经理与银行负责企业贷款的副行长进行多次沟通后,向李总回复:

关于质押贷款,B 公司没有原材料、在制品和存货等质押物,无法通过质押这些资产获得贷款;B 公司可以通过质押设计专利获得贷款,但是这类专利使用年限较短,银行对其估值较低,经估算,公司质押全部的设计专利也仅能获得 150 万元的贷款。而且公司的生产都以设计专利为基础,一旦公司出现现金流短缺,无法偿债，专利就很有可能被没收抵债，这样所有的生产都会停止，公司可能破产。

关于信用贷款，副行长表示，就B公司目前的经营状况而言，银行流水不够，达不到相关规定，无法通过信用贷款的方式获得需要的资金。

2.3 风险投资

李总准备了《商业计划书》及相关材料，拜访了IDG风险投资、JAFCOAsia、中科招商、隆科创业投资管理有限公司等10家风险投资公司，与其协商对B公司进行投资。然而所有的投资公司都持有相似的观点：2013年B公司的年销售收入仅1 500万元，规模较小；同时，B公司没有什么特别的优势能够证明未来可能给他们带来较高的预计投资收益，拒绝给B公司投资。

3 同学会带来的融资希望

在一次聚会上，李总从MBA班的同学张先生口中得知：教授"财务管理"的老师——方老师最近正在研究适合轻资产企业的融资方案，询问她可能会有融资的新思路。李总当即给方老师打了电话，说明了现在公司的状况和遇到的难题，并约定好时间到老师的办公室进行讨论。

在更加细致和深入地了解了B公司的情况后，方老师提出了一个融资方案：改变企业的经营模式，增加银行流水，之后通过银行贷款获得融资。方老师的分析如下：

基于现有的商业模式，B公司的营业收入仅仅来源于家用电器的设计费，而设计费在家用电器售价中平均占比不到3%，即单台售价 10 000 元左右的家用电器,反映在公司账上不超过 300 元。

方老师提出的新的商业模式是:B 公司在对产品进行外观和配套软件进行设计后,自己找委托加工厂,将家用电器加工生产成整机后再卖给客户。

新的商业模式下,与 B 公司主营业务流程有关的信息流、资金流和物流如图 3-2 所示。

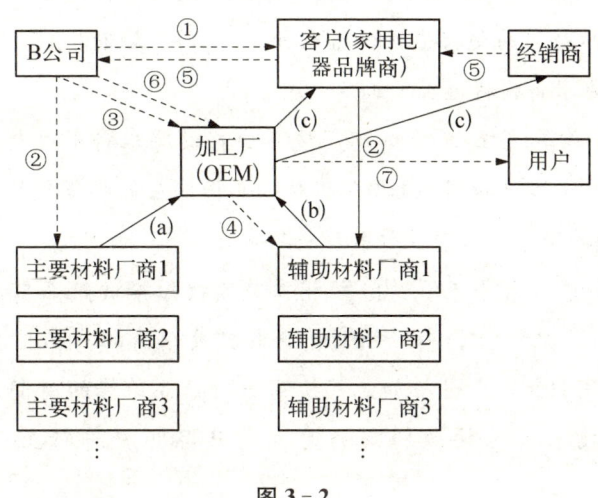

图 3-2

(1) 订单确定流程:① B 公司提供若干款家用电器设计方案给客户选择,并给客户选中的方案所对应的单台家用电器报价(根据客户的订单数量,把应收取的设计费分摊到了每台家用电器上),客户向 B 公司下单采购家用电器整机(可以复核 B 公司提供的家用电器成本 BOM 表等材料构成),并按签订的订货合同约定的付款方式付款;② B 公司基于与客户签订的销售合同,向主要材料厂商下材料采购订单,同时约定让主要材料厂商按要求将主要材料按时送到B公司指定的加工厂(OEM),B公司基于加工厂的材料接收单及后续家用电器整机出货量等单据,与主要材料厂商结算材料款。

(2)生产流程:③B公司按照与客户签订的销售合同,同时向加工厂下委托加工单,委托加工厂按要求生产家用电器整机,并基于加工厂的实际交货量结算加工费以及代购的辅助材料款成本;④加工厂向辅料材料厂商下订单购买辅助材料;(a)主要材料厂商按B公司的要求将材料送至加工厂;(b)辅助材料厂商按加工厂的要求将材料送至加工厂。

(3)结算流程:(c)加工厂按B公司的要求将家用电器整机送给客户或客户指定地址(经销商),并将相应的收货单据交给B公司,进而进行加工费及代购辅料款入账。

(4)售后服务流程:⑤经销商将需要维修的产品信息反馈给客户;客户将自己和经销商销售的需要维修的产品信息反馈给B公司;⑥B公司与加工厂协商进行产品维修的时间;⑦加工厂的技术工人按照约定的时间为产品用户进行上门维修服务。

在新的商业模式下,B公司的主营业务为家用电器的设计和整机销售,收入来源除设计人员的劳务报酬外,增加了整机销售收入,银行流水将会成倍增加。例如,单台售价10 000元左右的家用电器,在新的商业模式下,反映在公司账上的金额从约300元上升到10 000元,增加了33倍。在现有的商业模式下,B公司的主营业务收入为1 500万元,如果实行新的商业模式,公司主营业务收入可以增加到4.95亿元!B公司凭借在新的商业模式下的银行流水可以向银行申请企业信用贷款。

但是,方老师同时指出:在新的商业模式下,B公司需要对产品的生产进行监管,因此可能承担额外的管理风险,如委托加工厂监管风险、原材料供应商选择时的风险等;以及财务风险,如增值税税务风险,代加工工厂长时间持有代加工原材料或者损耗过大而造成的企业资产高估风险等。

李总听完方老师的融资方案后十分激动,认为虽然这个方案可能存在方老师提到的相关风险,但是在风险预知的情况下,只要加强监管,风险是可以得到控制的,这个方案能够给公司带来融资的希望!

4 后记

以方老师的融资方案为基础,根据公司情况,李总与公司高层制定了具体方案,并聘请风险评估师对方案涉及的风险进行评估。之后在财务部刘经理的总体规划和运营部王经理的牵头实施下,B公司顺利对商业模式进行了改变。六个月后,公司取得非常巨大的变化:

(1) 主营业务收入有了显著的增长,虽然最后反映的销售净利润率下降了,但净利润绝对值大幅增加。

(2) 公司在银行一年的资金流水增加至3.5亿元。凭借增加后的银行流水,公司取得了中信银行某分行5000万元的信用授信额度。

(3) 随着原材料采购量的增加,在与供应商谈判时,公司的议价能力有了大幅提升,材料购销间的差价不断增加,原材料毛利率达到10%~30%。

（4）在第 7 个月与外部投资机构达成了投资合作意向；在第 9 个月第一笔投资款计人民币 5 000 万元实际到位。

在 2016 年年初，B 公司启动了上市计划，同年 8 月，在美国成功上市。

第三节　B 公司应用案例使用说明

建议课堂计划

整个案例的课堂教学时间计划在 90 分钟左右。

课中计划：① 课堂前言，明确主题及要求(5 分钟)；

　　　　　② 分组讨论(30 分钟)；

　　　　　③ 小组发言(每组 5 分钟，控制在 30 分钟内)；

　　　　　④ 老师点评，全班进一步讨论(20 分钟)。

课后计划：请学员将课堂讨论的内容归纳、整理、总结，形成报告。

一、B 公司战略方向的案例使用说明

（一）教学目的与用途

（1）本案例适用于 MBA、EMBA 以及本科生"公司管理""市场营销""战略管理"等课程的教学和管理培训。

（2）本案例的教学目标是帮助学生掌握在激烈的市场竞争中进行战略决策的技能，分析行业发展前景，根据企业内部经营现状以及外部环境的机遇与挑战，制定市场发展战略，谋求企业战略转型的各种可能。

(二) 启发思考题

1. 横向价值链分析

(1) 对 B 公司新的商业模式与设计公司自有工厂的商业模式的价值活动进行分析,并将这些价值活动按照基本活动——内部后勤、生产作业后勤、外部后勤、市场营销和销售、服务;辅助活动——企业基础设施、人力资源管理、技术开发、采购进行分类,并将结果整理在图 3-3 中。

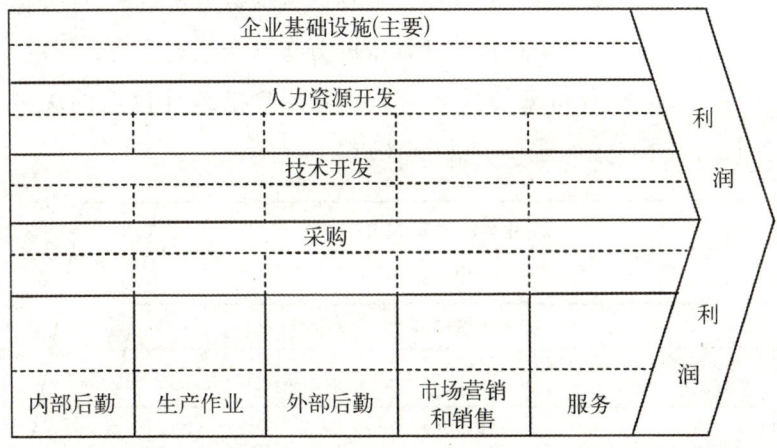

图 3-3

(2) 结合问题(1)的结果,对比两种商业模式的成本在价值活动中的分布、成本与战略环节(为企业创造价值的环节)的联系和产品与服务平均附加值方面的差异,并总结 B 公司新的商业模式与自有工厂的商业模式相比,在形成 B 公司竞争力方面的优势和劣势。

2. 风险分析和风险反应

(1) 基于 ERM 框架模型,结合业务流程分析,分析实行委托加工的商业模式 B 公司需要承担的固有风险,并提出相应的风险反应。

(2) 为 B 公司设计一套合乎逻辑的、互相协调的关键绩效指标(KPIs)和与之相关的度量指标,为 B 公司实现战略提供管理方面的帮助。

(三) 分析思路

1. 商业模式分析——横向价值链分析

该阶段的学习旨在让学生掌握横向价值链分析方法,即分析不同商业模式下资源在价值活动中的分布对企业竞争力的影响,并通过价值链分析来协助公司做出基于创造最优价值的决策(图 3-4、图 3-5、表 3-1 和图 3-6)。

		企业基础设施(主要)				
		电脑				
		人力资源开发				
订单&采购管理人员	外观设计师软件开发人员	整机交付管理人员		营销团队	售后服务人员	利润
		技术开发				
订单信息管理系统开发	设计&编程软件开发	订单信息管理系统开发			客户信息管理系统开发	
		采购				
信息管理系统	设计&编程软件	信息管理系统				
订单接收管理原材料采购安排	家用电器外观&软件设计	整机交付安排		外观&软件设计广告、促销	外观&软件设计售后调整	利润
内部后勤	生产作业	外部后勤		市场营销和销售	服务	

图 3-4 委托加工的商业模式价值活动示意图

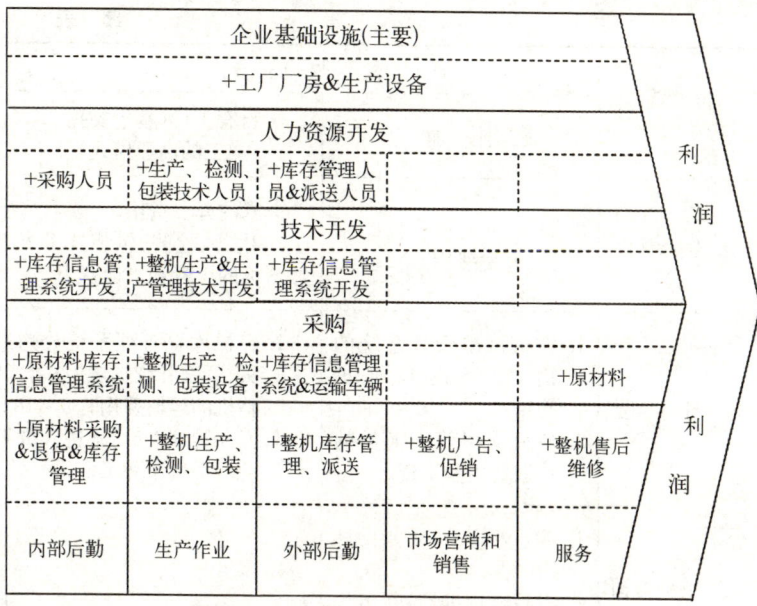

**图 3-5　设计企业自有工厂的商业模式价值活动示意图
(基于委托加工的商业模式)**

**表 3-1　委托加工的商业模式与设计企业自有工厂的
商业模式横向价值链分析表**

价值链 分析步骤		商业模式	
		委托加工	自有工厂(基于委托 加工的商业模式)
成本分担	内部后勤	1. 原材料订单管理系统的购买、开发和维护费用； 2. 原材料订单管理人员和采购管理人员的工资和培训费用。	+1. 厂房购买或自建的费用； 2. 原材料仓储、运输成本； 3. 原材料信息管理系统的购买、开发和维护费用。
	生产作业	1. 家电外观和软件设计人员的工资和培训费用；	+1. 整机的生产、检测、包装设备的购买、维护费用； 2. 整机生产、生产管理技

续 表

价值链分析步骤		商业模式	
		委托加工	自有工厂（基于委托加工的商业模式）
成本分担	生产作业	2. 设计和编程软件的采购、开发费用。	术的开发费用； 3. 生产、检测、包装技术人员的工资和培训费用。
	外部后勤	1. 整机订单管理系统的购买、开发和维护费用； 2. 整机交付管理人员的培训费用和工资。	+1. 整机库存管理系统分购买、开发和维护费用； 2. 整机的运输费用； 3. 库存管理人员、派送人员的培训费用和工资。
	市场营销	1. 基于外观&功能设计的广告； 2. 产品定价推广、新市场开拓等市场调研团队。	
	服务	1. 用户信息管理系统的购买、开发和维护费用； 2. 售后服务人员的培训费用和工资。	+原材料（与整机售后维修相关）的购买费用
成本与战略环节间的联系		B公司的战略环节为产品外观和软件设计，成本也集中产生于与产品外观和软件设计相关的活动中，与战略环节间联系度高。	B公司的战略环节为产品外观和软件设计，成本却集中在与原材料仓储、产品生产和仓储相关的活动中，与战略环节联系度低。
产品与服务的平均附加值（如图3-6所示）		知识产权（设计）的附加值（A点）	知识产权（设计）与制造的附加值的平均值（B点）

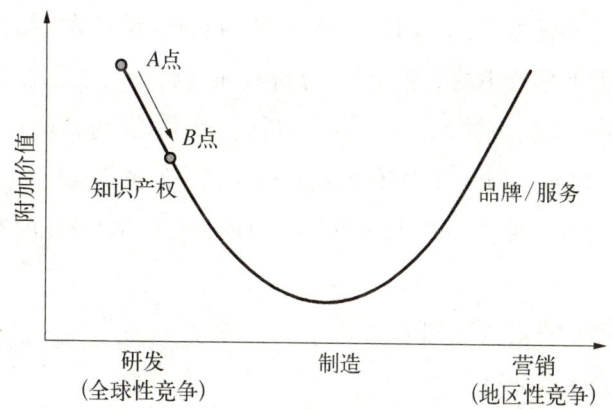

图 3-6　B公司在委托加工和自有工厂两种商业模式下
企业产品和服务平均附加值示意图

与自有工厂的商业模式相比,B公司新的商业模式在形成公司竞争力方面的优势和劣势如下:

(1) 优势:初期成本仅包括与工厂谈判的成本,与购买工厂的成本相比较小;不存在工厂的管理成本;维持企业价值活动集中于外观设计和软件研发中,资源集中在创造企业价值的活动中;维持企业活动集中于外观设计和软件研发中,企业产品和服务的平均附加值维持在高水平。

(2) 劣势:由于工厂不属于B公司,存在与工厂就整机生产成本进行谈判的成本,以及工厂不按时生产、交货的机会成本,后期交易成本较高。

2. 风险分析和风险反应

学生需要对B公司新的商业模式可能带来的风险进行分析。考虑到学生的思维过程、角度以及完整性不同,以下的问题没有统一的答案。

第一项任务是：以ERM模型框架为基础，要求学生结合B公司新的商业模式中的业务流程，分析其在运行中可能存在的固有风险，并提出相应的风险反应。分析流程中需要包括的内容有：① 公司战略的描述；② 固有风险分析与相关的风险反应——与原材料供应商、委托加工厂相关的风险及风险反应，财务风险及风险反应。

答案的参考要点如下：

B公司的战略目标

短期战略目标：增加销售额和留存收益。

中期战略目标：获得至少每年2 000万元的银行信用贷款；三年后上市；

长期战略目标：扩大市场份额，成为行业内的领军企业。

固有风险分析以及相关的风险反应

(1) 与原材料供应商相关的管理风险及风险反应

图3-7中的②指B公司基于与客户签订的销售合同，向主要材料厂商下材料采购订单，同时约定让主要材料厂商按要求将主要材料按时送到B公司指定的加工厂(OEM)。(a) 指主要材料厂商按B公司的要求将材料送至加工厂。

相关风险：

一是原材料质量风险。

由于B公司是设计企业，对原材料行业了解缺失，选择原材料供应商时，存在以下

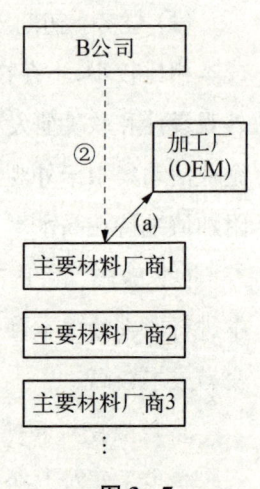

图3-7
B公司与原材料供应商之间的信息流和实物流

两方面的风险：

一方面，选择的原材料供应商提供的物资质量较差，加工产品未达到质量标准，导致产品给用户造成经济、技术、人身安全等损害。由于最终产品质量由 B 公司提供保证，可能存在对企业声誉造成负面影响的风险；

另一方面，原材料采购价格高于其市场价格，导致 B 公司原材料成本较高的风险。

风险反应：选择正规、企业质量管理体系健全、产能充足的供应商建立供应商信息库；设立供应商考评小组，委派专人对供应商的履约能力、质量、服务、技术、价格、信誉进行全面调查，筛选出备选供应商；之后，对原材料供应商进行实地考察，对备选供应商的地理位置、内部管理、原材料库存的质量和数量等方面进行全面考核，最终确定原材料供应商。同时，一种物资应该由两到三家供应商同时供货，保证物资供应的稳定性和连续性。

二是原材料技术落后的风险。

由于 B 公司不是专业的生产商，对原材料供应商的了解缺失，同时家用电器的原材料更新换代速度快，且国家对家用电器的原材料要求不断变化，可能存在因为 B 公司不能及时找到拥有新兴原材料的供应商，导致产品最终价值低于预期的风险。

风险反应：在原材料供应管理部门下设立原材料研究小组，关注国家对家用电器原材料要求的相关规定，同时收集提供新兴原材料的供应商的信息并建立信息库，及时将供应商信息上传给管理部门，保证制造订单产品需要新兴材料时，能够及时找到供应商。

三是原材料库存风险。

基于 B 公司的新的商业模式，为了避免客户追加订单时，因为原材料有提前期,导致产品无法按时生产和交货,B公司需要储备需求量较大的产品的原材料。由于家用电器原材料更新速度快,B公司需承担原材料库存贬值风险,以及由于管理不当造成的原材料损耗风险。

风险反应:加强对售后产品客户的需求进行跟踪了解,并进行需求分析,削减追加订单可能性较小或追加订单的产品数量可能较小的产品的原材料库存;配备库存管理系统,对原材料的库存信息和使用信息进行实时追踪。

(2) 与委托加工厂相关的管理风险以及风险反应

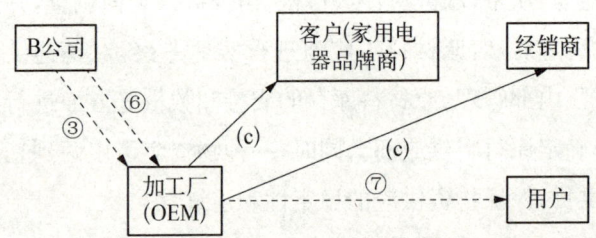

图3-8 B公司与委托加工厂之间的信息流和实物流示意图

生产流程:

③ B公司按照与客户签订的销售合同,同时向加工厂下委托加工单,委托加工厂按要求生产家用电器整机,并基于加工厂的实际交货量结算加工费以及代购的辅助材料款成本。

结算流程:

(c) 加工厂按B公司的要求将家用电器整机送给客户或客户指定的地址(经销商),并将相应的收货单据交给B公司,进而进行加工费及代购辅料款入账。

售后服务流程:

⑥B公司与加工厂协商进行产品维修的时间。

⑦加工厂的技术工人按照约定的时间为产品用户进行上门维修服务。

相关风险：

一是选择委托加工厂时的风险。

B公司在进行商业模式创新之前，从事的是家电设计工作，对制造业了解较少，因此，可能存在以下三个方面的问题：

第一个是选择的加工厂生产质量差，导致产品质量不达标的风险；

第二个是加工厂要求的加工费用高于实际价值的风险；

第三个是制造技术升级时，没有及时更换生产效率更高、加工费用更低的加工厂，使公司继续承担较高加工成本的风险。

风险反应：在选择委托加工厂时，成立一个委托加工厂评选小组，对委托加工厂的品牌、信誉、规模、研发能力等进行详细的调查，选出备选对象；之后，委派调查员到备选对象进行现场考察，对工厂真实的管理质量、生产能力和质量等做出整体评估。

二是监管委托加工厂时的风险。

B公司之前没有管理加工厂的经验，管理人员无法有效管理工厂，因此，可能存在以下两个方面的风险：

一方面，委托加工厂生产的产品质量不达标的风险；

另一方面，由于委托加工厂供货的设计公司不只B公司，委托加工厂为B公司生产的产能有限。当B公司订单中的产品数量突然增加时，委托加工厂可能没有足够的产能，无法按时交货。

风险反应：设立专门的管理部门，并对管理人员进行有关委托加工厂的知识培训；建立合理的绩效考核标准，提高监管效率；建立备用委托加工厂信息库，当现有的委托加工厂产能无法完成订单时，及时找到替代加工厂生产产品，保证订单按时完成。

三是售后服务的质量风险。

在对产品进行售后维修时，由于加工货款在之前已经结算清楚，售后服务不会给委托加工厂带来加工款收不到的风险或额外的利益流入，因此，B公司可能面临售后服务质量差的风险。

风险反应：B公司与委托加工厂可签订售后维修质量保证协议，制定售后服务水平的衡量方案，保证客户满意度在90%以上等。

(3) 财务风险及风险反应

一是与委托加工相关的风险。

委托加工的原材料在发出时，将会在账上增加委托加工物资这一项资产。如果代加工工厂长时间持有代加工原材料，或者损耗过大，可能造成企业资产的高估；代加工厂发生原材料损耗的情况时，若由代加工厂承担损耗，会面临着物资报废冲抵的处理，不合理的物资报废冲抵会使B公司承担原材料费用高估的风险。

风险反应：B公司应当加强对代加工企业的财务监管，定期委派财务人员与代加工厂进行账务调整；同时定期组织财务人员进行培训，提升其财务能力。

二是税务风险。

改变商业模式后，B公司同时出售产品设计和整机，其销售行为属于混合销售，获得的利润需要交纳增值税。由于设计费用属于劳务费用，不能抵扣进项税额，因此，B公司交纳增值税的税基较高,需要承担高额的增值税税负。

风险反应:B公司成立一个全资的子公司——C公司,将产品的外观和软件设计外包给C公司。之后,C公司将产品设计出售给B公司,价格等于产品设计成本加上B公司将产品设计出售给客户后的增值额,使设计成本和设计的增值额在B公司计算增值税时能够抵扣进项税额;同时,因为C公司是设计企业,其收入不需要缴纳增值税,B公司的增值税税基仅为整机的原材料增值额,能够将需要交纳的增值税降到较低水平。

第二项任务是要求学生为B公司设计一套关键绩效指标(KPIs)和与之相关的关键的度量指标,为B公司实现战略目标提供管理帮助。表3-2列出了一种可能的答案。

表3-2 与B公司战略整合后的关键绩效指标(KPIs)和与之相关的关键的度量指标

范畴	战略主题	KPIs	关键的度量指标
财务	增加银行流水	销售额	销售额增长率、销售利润率
	控制成本(主要包括原材料成本、加工费用、税务成本)	成本	原材料成本溢价(与相似产品价格的平均值相比)比率、加工费用溢价(与相似委托加工厂的加工费的平均值相比)比率、税负率(与规模、业务相似的企业的平均值相比)
	降低现金短缺风险	流动性	应收账款周转率
	增加留存收益	获利能力	销售净利润、利润增长率
客户	增加市场占有率	市场份额	每一种产品的销售额占该细分市场总销售额的比率
	保证客户满意度	客户满意度	客户投诉次数、客户退货次数

续　表

范畴	战略主题	KPIs	关键的度量指标
内部业务流程	保证原材料到货、紧急情况下找到替代加工厂/原材料供应商、(由其他因素影响的)销售订单交付的及时性	及时性	原材料未按时到货次数、紧急情况下找到替代加工厂/原材料供应商需要的时间、整机运输的时间(按照委托加工厂所在地与客户所在地之间的距离,设置阶梯式标准)、销售订单未按时交付的次数
	保证原材料、委托加工厂的加工质量	质量	客户退回/拒收的产品数量,需要维修的整机(购买后的两年内)数量占同批相同类别整机总数的比例
	保证制造整机需要的新兴原材料的可获得性	匹配度	采购的原材料(核心新兴原材料)与 BOM 表中的原材料(核心新兴原材料)的匹配度低于特定值的次数
学习与成长	保持产品外观设计和软件设计方面的竞争优势	创新研发	每年新增专利的数量、在国内外特定比赛上获奖的成绩(根据比赛的级别,设置阶梯式的计分标准,同时一个比赛内,一、二、三等奖设置阶梯式的计分标准)

(四) 理论依据

1. 价值链理论

(1) 波特的价值链理论

企业价值活动和产业价值链:

按照波特的"价值链分析法",企业的价值活动可以分为基本活动(Primary Activities)和辅助活动(Support Activities)两类(如图 3-9 所示)。

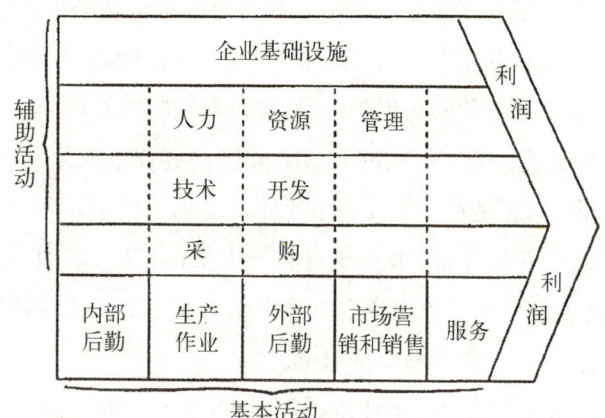

图 3-9 迈克尔·波特企业价值活动示意图

其中基本活动包括内部后勤、生产作业、外部后勤、市场营销和销售、服务五部分：

① 内部后勤：与接收、存储和分配相关联的各种活动，如原材料搬运、仓储、库存控制、车辆调度和向供应商退货。

② 生产作业：与将投入转化为最终产品形式相关的各种活动，如机械加工、包装、组装、设备维护、检测等。

③ 外部后勤：与集中、存储和将产品发送给买方有关的各种活动，如产成品库存管理、原材料搬运、送货车辆调度等。

④ 市场营销和销售：与提供买方购买产品的方式和引导他们进行购买相关的各种活动，如广告、促销、销售队伍、渠道建设等。

⑤ 服务：与提供服务以增加或保持产品价值有关的各种活动，如安装、维修、培训、零部件供应等。

辅助活动包括采购与物料管理、研究与开发、人力资源管理和企业基础制度四个部分：

① 采购与物料管理：指购买用于企业价值链各种投入的活动，采购既包括企业生产原料的采购，也包括支持性活动相关的购买行为，如研发设备的购买等；另外亦包含物料的管理作业。

② 研究与开发：每项价值活动都包含着技术成分，无论是技术诀窍、程序，还是在工艺设备中所体现出来的技术。

③ 人力资源管理：涉及所有类型人员的招聘、雇佣、培训、开发和报酬等的活动。人力资源管理不仅对基本和支持性活动起到辅助作用，而且支撑着整个价值链。

④ 企业基础设施：企业基础制度，如会计制度、行政流程等，支撑了企业的价值链条。

波特同时指出企业价值链与上游的供应商价值链、下游的渠道价值链和顾客价值链相连，构成一条完整的产业价值链（如图3-10所示）。

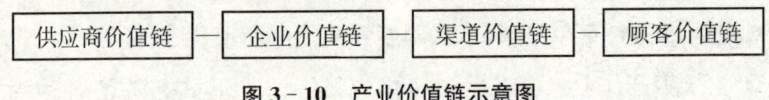

图3-10　产业价值链示意图

基于企业价值活动的竞争力分析：

不同的企业参与的价值活动中，实际上只有某些特定的价值活动才真正创造价值，这些真正创造价值的经营活动，就是价值链上的"战略环节"。

企业要保持竞争优势，实际上就是企业在价值链某些特定的"战略环节"上保持优势。运用价值链的分析方法来确定核心竞争力，要求企业密切关注组织的资源状态，要求企业特别关注和培养在价值链的关键环节上获得重要的核心竞争力，以形成和巩固企业在行业内的竞争优势。企业的优势既可以来源于价值活动所涉及的市场范围的调整,也可来源于企业间协调或合用价值链所带来的最优化效益。

(2)"微笑曲线"模型

"微笑曲线"(如图3-11所示)中间是制造;左边是研发,主要的竞争来自全球的竞争者;右边是营销,主要竞争来自当地的竞争者。当前制造产生的利润低,全球制造也已供过于求,但是研发与营销的附加价值高,因此产业未来应朝微笑曲线的两端发展,也就是在左边加强研发创造智慧财产权,在右边加强客户导向的营销与服务。在产业链中,附加值更多体现在两端:设计和销售,处于中间环节的制造附加值最低。

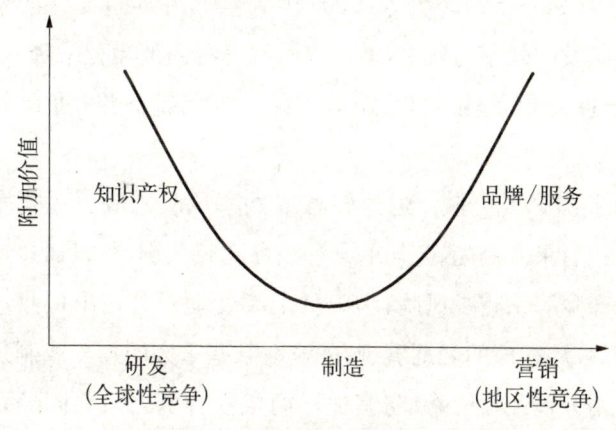

图3-11 "微笑曲线"模型示意图

2.风险反应理论

(1)定义

风险反应是指在对风险从单独或关联角度、业务层次和公司总体层次进行评估后,根据各类风险的大小而采取的相应的管理策略。管理者会采用整体风险或组合风险的观点,根据风险的评估结果,通过成本与收益分析确定相应的风险管理策略,将公司剩余风险控制在可承受范围内并与公司风险偏好相一致。

(2) 风险反应类型

① 折叠风险回避。企业现有的活动会带来风险,管理策略之一就是回避这种风险。例如,IT 企业考虑到软件外包业务的激烈竞争而不参与;再如,企业剥离并出售既有的风险较大的业务或分部等。

② 折叠风险减少。这一风险管理策略是为了减少风险发生的可能性或后果,或两者兼而有之。例如,企业从事的某项研发活动存在较大风险,公司管理者不是不搞研发,而是对研发投入设计一个上限(如一年最多投入 1 000 万元等),并通过完善研发流程来提高研发的效率与效果,通过设限和完善内部流程来降低风险。再如,根据公司各业务单元的风险分布,调整战略,重新分配资源等。

③ 折叠风险分散。通过转移或共享风险来减少风险发生的可能性或后果。例如,公司的某种设备比较关键,可以通过购买相应的财产险等来减少风险;为降低汇率变动对公司出口收益的影响,可以采用相应的套期管理办法;对某些重大的加工或制造业务可以采用分包经营策略;与其他厂商成立合资公司共同经营或建立战略合作关系;等等。

二、B 公司融资方向的案例使用说明

(一) 教学目的与用途

(1) 本案例主要适用于"财务管理""运营管理""公司战略"等课程的学习;

(2) 本案例适用于 MBA、MPAcc、经济管理类研究生、本科生案例教学使用；

(3) 本案例的教学用途及目标是通过本案例的学习,结合我国民营企业的发展,在国家提出"大众创业、万众创新"的背景下,理解、掌握融资模式的创新对公司发展的重要性,以及相关决策方式、特征及要素。

(二) 启发思考题

(1) 基于案例描述,结合 B 公司其他融资方式的融资成本,分析其融资可行性。

(2) 基于企业会计准则中对收入的定义,结合相应的会计分录,分析新的商业模式的融资可行性。

(三) 融资方式分析思路

学生的第一组任务是对本案例中涉及的三种融资方式做出评估：基于 B 公司的实际情况,结合各融资方式的融资成本,分析 B 公司通过实施各融资方案获得目标资金的可行性。简单来说,此问题的考察重点在于学生对几种融资方式的理解以及在实际案例中进行应用的能力。学生的答案中需要包括如下要点：

1. 内部融资

融资成本：原有股东追加成本或者利用公司的留存收益进行融资时,融资成本主要体现为股东对下期或将来的红利预期。

可行性分析：

第一,B 公司成立仅两年,在较短的时间间隔内,B 公司的原有股东追加投资的可能性不大。

第二,B 公司现有股东合伙创业前大多是公务员,可投向公司的个人资金有限,通过这种方式获得的资金无法达到企业的实际需求。

2. 银行贷款

(1) 质押贷款

① 专利质押贷款

融资成本:

一是直接成本:支付给银行的利息费用。

二是间接成本:若在规定期限内,无法按时偿还贷款,抵押的专利资产将会被银行没收,即为专利质押贷款的间接融资成本。

可行性分析:

第一,银行对专利、技术、著作权等无形资产知识产权估值较低,再加上银行发放贷款的额度在现实中不超过质押物现值的50%,因此,B公司通过质押设计或技术专利获得的贷款金额较低。

第二,B公司拥有的大多是设计类专利,与科技类的发明专利相比使用年限要短得多,因此,银行对设计类专利质押贷款普遍惜贷或者压低贷款额度,B公司通过专利质押的方式获得的贷款金额是十分有限的。

第三,B公司的生产活动基于设计专利进行。通过抵押设计专利获得贷款,一旦公司出现现金流短缺,无法偿债,专利资产就会被没收抵债,所有的生产都不得不停止,B公司将面临倒闭的风险。

② 抵押贷款

可行性分析:B公司是设计型的中小企业,没有机械设备等抵押资产,拥有的房屋、车辆等抵押资产价值较低,由于银行发放贷款的额度不超过抵押物现值的70%，因此B公司也难以通过抵押固定资产的方式获得高额贷款。

(2) 企业信用贷款

融资成本：

一是直接成本：通过信用贷款进行融资的过程中，B公司需要向银行支付贷款利息，这是B公司需要承担的直接融资成本。

二是间接成本：B公司支付给银行的现金利息可以用来投资其他项目，获得投资收益，因此，B公司在通过信用贷款融资的过程中承担的利息支出带来的机会成本即为企业信用贷款的间接成本。

可行性分析：B公司的每月收款金额都很有限，银行对账单通常涉及的就是工资和提款，银行流水不足。无法通过信用贷款的方式获得实现B公司战略目标所需的资金。

3. 风险投资

融资成本：这种融资方式存在较高的风险；同时风险投资家在实现增值目的后通常会退出投资，可能导致接受投资的企业资金短缺，陷入财务困境，因此B公司还面临着潜在的财务困境成本。

可行性分析：

第一，在家电设计行业，B公司的盈利能力不强，利润率较低，竞争优势不明显，在短时间内很难找到合适的战略投资者。

第二，通常此类的投资都涉及对赌协议等，若无法达成预期发展目标，则面临回购或赔偿股权等风险。一旦企业因为资金短缺没有回购或赔偿能力，企业就可能会被清算或变卖。

(四) 融资策略分析

学生需要思考新的商业模式的融资可行性：

首先，整机的销售收入是否能够在企业的账上反映，基于企业会计准则对收入的定义，学生的答案需要包含的要点如下：

(1) B 公司日常经营活动中包含了销售整机服务；

(2) 将整机交付给客户后，B 公司已将商品所有权上的主要风险和报酬转移给客户，并且之后 B 公司既没有保留通常与所有权相联系的继续管理权，也没有对已售出的整机实施有效控制——货物已经交付或者劳务已经提供；

(3) B 公司与客户签订的销售合同中，有明确的整机销售价格，销售整机的收入的金额能够可靠地计量——卖方向买方提供的商品价格是固定的或者是可以确定的；

(4) 销售整机获得利润能够增加留存收益——所有者权益增加。

其次，学生需要结合相关的会计分录，考虑改变商业模式后的企业银行流水是否能够显著增加，相关参考要点如下：

学生需要根据企业会计准则编制会计分录，此部分考验了学生们对财务会计知识的掌握，参考答案如下：

(1) B 公司实行原有的商业模式时，其进行产品设计至完成产品设计销售之间的相关会计分录如下：

① 发生劳务成本时：

借：劳务成本

　　贷：应付职工薪酬等

② 预收劳务款时：

借：银行存款

　　贷：预收账款

③ 确认收入和成本时：

借：预收账款

　　贷：主营业务收入

借：主营业务成本

　　贷：劳务成本

(2) B公司实行新的商业模式时，其进行产品设计、委托加工厂进行整机生产至完成整机销售之间的相关会计分录如下：

① 购入原材料时：

借：原材料

　　应交税费－应交增值税（进项税额）

　　贷：应付账款

② 发出原材料时：

借：委托加工物资

　　贷：原材料

③ 加工回收商品时：

借：库存商品

　　应交税费－应交增值税（进项税额）

　　贷：委托加工物资

　　　　应付账款－加工款

④ 销售商品时：

借：银行存款或应收账款

　　贷：主营业务收入

　　　　应交税费－应交增值税（销项税额）

借：主营业务成本

　　贷：库存商品

在现有的商业模式下,B公司主营业务是家用电器的外观和软件设计,收入来源主要是设计人员的劳务报酬;实行新的商业模式后,B公司的主营业务是家用电器的设计和整机销售,收入来源除设计人员的劳务报酬外,增加了整机销售收入。同时,整机收入金额较高,新的商业模式能够显著增加B公司的流水。

此外,学生还应该考虑到该商业模式在融资方面的不足:销售整机的收入需要在与客户完成货物交接后才可以在账务上确认,因此,通过这个商业模式获得融资的前期准备时间可能较长。

(五)理论依据

1. 融资方式及条件

(1) 债务性融资——银行贷款

银行贷款按资金性质,分为流动资金贷款、固定资产贷款和专项贷款三类。其中,常见的银行贷款方式有两种,分别是信用贷款和担保贷款。银行贷款融资方式的突出优点是利率低,减少了企业的融资成本,资金来源稳定;缺点是银贷款门槛高、程序复杂、贷款期限短且受额度限制等。

① 企业信用贷款

Ⅰ. 定义:

i. 企业信用:信用评级机构对企业进行信用调查、信用分析和信用建模之后得出的评级结果。

ii. 企业信用贷款:银行向信用良好的小企业法定代表人或控股股东发放的,用于补充企业流动性资金周转等合法指定用途的无抵押、无担保贷款。

Ⅱ. 申请条件:

i. 企业成立时间满3年;

ii. 近半年开票额在 150 万元左右;

iii. 向银行提供开票(增值税发票),两年的年报表,最近一个月的月报表,近六个月的发票情况;

iv. 申请人近三个月的个人贷款不能逾期,企业负债率不能超过 60%~70%。

② 担保贷款

担保贷款是指由借款人或第三方依法提供担保而发放的贷款。担保贷款按担保方式可以分为保证贷款、抵押贷款、质押贷款。

Ⅰ. 银行保证贷款(第三方担保贷款)

i. 定义:应有贷款人认可的第三方提供承担连带责任的保证,最终由银行发放的贷款。

ii. 对保证人的要求:

(i) 保证人是法人的,必须具有代为偿还全部贷款本息的能力,且在银行开立有存款账户;

(ii) 保证人为自然人的,必须有固定经济来源,具有足够代偿能力,并且在贷款银行存有一定数额的保证金;保证人与债权人应当以书面形式订立保证合同。

(iii) 主要方式

互助担保联盟是保证贷款常见的一种方式。所谓互助担保,就是某个群体中的每个企业都拿出一些钱放在某个协会作为互助基金,然后协会委托专业担保公司运作,帮助该群体内的中小企业解决融资难问题。

互助担保与普通担保公司的区别关键在于互助担保更强调互助、联合的会员制。其缺点是若某个担保业务出现坏账,该基金将承担风险。

Ⅱ. 银行抵押贷款

i. 定义：企业作为借款人，以不动产抵押作为担保，获得贷款的方式。办理不动产抵押贷款的渠道一般是以银行为主的金融机构，另外一种常见的抵押贷款方式是专利质押，它通常是指以专利等无形资产作为抵押物，通过质押而得到的银行贷款。我国的相关法律当中规定了专利、商标权等无形资产可作为质押物在银行及其他金融服务机构进行质押贷款。

ii. 申请条件：

(i) 必须是经工商行政管理部门核准注册，并按规定办理纳税登记和年检手续的企事业法人；

(ii) 产品有市场，生产经营有效益，不挤占挪用信贷资金，恪守信用；

(iii) 有按期还本付息能力，原应付贷款本息和到期贷款已清偿；没有清偿的，已经做了银行认可的偿还计划；

(iv) 按《银行企业信用等级评定标准》核定，原则上信用等级必须为 A 级(含)以上；

(v) 已在银行开立基本账户或一般存款账户；

(vi) 除国务院规定外，有限责任公司和股份有限公司对外股本权益性投资累计额未超过其净资产总额的 50%；

(vii) 借款人的经营和财务制度健全，主要经济和财务指标符合银行的要求。

iii. 抵押物范围

(i) 建筑物和其他土地附着物；

(ii) 建设用地使用权；

(iii) 以招标、拍卖、公开协商等方式取得的荒地等土地承包经营权；

(iv) 生产设备、原材料、半成品、产品；

(v) 正在建造的建筑物、船舶、航空器；

(vi) 交通运输工具；

(vii) 法律、行政法规未禁止抵押的其他财产。

iv. 融资获得的金额：不超过抵押物现值的70%。

Ⅲ. 企业质押贷款

i. 定义：企业质押贷款是指企业作为借款人，以动产、无形资产等作为抵押物，获得贷款的方式。办理不动产抵押贷款的渠道一般是银行、信托公司、小额贷款公司。

ii. 申请条件：

(i) 必须是经工商行政管理部门核准注册，并按规定办理纳税登记和年检手续的企事业法人；

(ii) 产品有市场，生产经营有效益，不挤占挪用信贷资金，恪守信用；

(iii) 有按期还本付息能力，原应付贷款本息和到期贷款已清偿；没有清偿的，已经做了银行认可的偿还计划；

(iv) 按《银行企业信用等级评定标准》核定，原则上信用等级必须为A级（含）以上；

(v) 已在银行开立基本账户或一般存款账户；

(vi) 除国务院规定外，有限责任公司和股份有限公司对外股本权益性投资累计额未超过其净资产总额的50%；

(vii) 借款人的经营和财务制度健全，主要经济和财务指标符合银行的要求；

（viii）申请中长期贷款的项目必须经国家主管部门批准，新建项目的企业法人所有者权益与项目总投资的比例不低于国家规定的投资项目资本金比例。

iii. 质押物范围

（i）存货：工商业掌握的各种货物，包括商品、原材料、在制品和制成品；

（ii）客账：应收账款；

（iii）证券：各种有价证券，如股票、汇票、期票、存单、债券等；

（iv）设备：机械设备、车辆、船舶等；

（v）人寿保险单；

（vi）专利权。

iv. 融资获得的金额：不超过质押物现值的70%。

v. 适用于设计企业的主要方式

企业质押贷款的主要方式为专利权质押贷款。

（i）定义：工商行政管理机关核准的具有独立法人资格的企业、经济组织、个体工商户，依据已被国家知识产权局依法授予专利证书的发明专利、实用新型专利和外观设计专利的财产权作质押，从银行取得一定金额的人民币贷款，并按期偿还贷款本息的一种新型贷款业务。

（ii）专利抵押物的条件：用来抵押的专利必须是企业的核心专利，且处于实质性的实施阶段，形成了产业化的经营规模，具有一定的市场潜力和良好的经济效益，用来抵押担保的专利尚存有效使用年限至少要超过专利权期限的一半。

（iii）贷款期限：贷款期限一般为一年，最长不得超过三年。

（iv）贷款额度：由于专利变现困难，流动性差，专利权价值不确定性大、存在特有的法律风险,银行普遍惜贷或者压低贷款额度。贷款额度一般不超过该专利权的市场公允价值或评估值的50%,单笔担保金额不得超过200万元。

(2) 权益性融资

① 发行股票

Ⅰ. 定义

股票发行是指符合条件的发行人以筹资或实施股利分配为目的,按照法定的程序,向投资者或原股东发行股份或无偿提供股份的行为。

Ⅱ. 发行条件

(i) 公司的生产经营符合国家产业政策,具备健全且运行良好的组织机构;

(ii) 公司发行的普通股只限一种,同股同权;

(iii) 向社会公众发行的部分不少于公司拟发行的股本总额的25%,其中公司职工认购的股本数额不得超过拟向社会公众发行的股本总额的10%;公司拟发行的股本总额超过人民币4亿元的,证监会按照规定可酌情降低向社会公众发行的部分的比例,但是,最低不少于公司拟发行的股本总额的10%;

(iv) 具有持续盈利能力,财务状况良好;

(v) 发行人在最近三年财务会计文件无虚假记载,无其他重大违法行为;

(vi) 经国务院批准的国务院证券监督管理机构规定的其他条件。

Ⅲ. 融资特点

股票具有永久性,无到期日,无需归还,没有还本付息的压力等特点,因而发行股票对企业来说风险较小。股票市场可促进企业转换经营机制,真正成为自主经营、自负盈亏、自我发展、自我约束的法人实体和市场竞争主体。同时,股票市场为资产重组提供了广阔的舞台,能够优化企业组织结构,提高企业的整合能力。但绝大多数股票市场对申请发行股票的企业都有一定的要求,因此对大多数中小企业而言发行股票的融资方式并不适用。

② 增资扩股

对于有限责任公司,增资扩股一般指公司增加注册资本。对于股份有限公司,增资扩股指企业向特定的对象发行股票募集资金。企业的增资扩股根据资金来源可以分为外源增资扩股和内源增资扩股。外源增资扩股是以私募方式吸引国内外战略投资者和财务投资者购买企业的股份;内源增资扩股是通过原有股东加大投资的方式增加企业的资本金。

增资扩股的资金属于企业自有资本,其优点为无需还本付息,财务风险小;其主要的缺点为融资成本较高和容易分散股权。

③ 私募股权融资

私募股权投资是指通过私募基金对非上市公司进行的权益性投资。

在交易实施过程中,投资人会附带考虑将来的退出机制,即通过公司首次公开发行股票、兼并与收购或管理层回购等方式退出获利。

私募股权投资的优点为交易费用较低,投资效率较高,能解决信息不对称引发的逆向选择与道德风险问题;同时能够发挥风险管理优势,提供价值增值。其缺点为企业出让股权后,原股东的股权被稀释,甚至丧失控股地位或者完全丧失股权。随着股权结构的变化,企业的管理权也相应发生变化,管理权将归股权出让后的控股股东所有。投资者往往希望尽快获得投资回报,因而可能改变企业发展战略以实现短期内的收益。

2. 财务会计知识

(1)收入的确定

《企业会计准则第 14 号——收入》相关规定:

第二条 收入,是指企业在日常活动中形成的、会导致所有者权益增加的、与所有者投入资本无关的经济利益的总流入。

第四条 销售商品收入同时满足下列条件的,才能予以确认:

(一)企业已将商品所有权上的主要风险和报酬转移给购货方;

(二)企业既没有保留通常与所有权相联系的继续管理权,也没有对已售出的商品实施有效控制;

(三)收入的金额能够可靠地计量;

(四)相关的经济利益很可能流入企业;

(五)相关的已发生或将发生的成本能够可靠地计量。

(2)增值税的相关知识

①《中华人民共和国增值税暂行条例》相关规定:

第一条 在中华人民共和国境内销售货物或者提供加工、修理修配劳务以及进口货物的单位和个人,为增值税的纳税人,应当依照本条例缴纳增值税。

第二条 增值税税率:

(一)纳税人销售或者进口货物,除本条第(二)项、第(三)项规定外,税率为 17%(2018 年 5 月 1 日起调整为 16%)。

(二)纳税人销售或者进口下列货物,税率为 13%(2017 年 7 月 1 日到 2018 年 4 月 30 日期间为 11%;2018 年 5 月 1 日后调整为10%）：

1. 粮食、食用植物油；

2. 自来水、暖气、冷气、热水、煤气、石油液化气、天然气、沼气、居民用煤炭制品；

3. 图书、报纸、杂志；

4. 饲料、化肥、农药、农机、农膜；

5. 国务院规定的其他货物。

（三）纳税人出口货物，税率为零；但是，国务院另有规定的除外。

第四条 除本条例第十一条规定外，纳税人销售货物或者提供应税劳务（以下简称销售货物或者应税劳务），应纳税额为当期销项税额抵扣当期进项税额后的余额。应纳税额计算公式：

应纳税额＝当期销项税额－当期进项税额

当期销项税额小于当期进项税额不足抵扣时，其不足部分可以结转下期继续抵扣。

第五条 纳税人销售货物或者应税劳务，按照销售额和本条例第二条规定的税率计算并向购买方收取的增值税额，为销项税额。销项税额计算公式：

销项税额＝销售额×税率

第六条 销售额为纳税人销售货物或者应税劳务向购买方收取的全部价款和价外费用，但是不包括收取的销项税额。

第八条 纳税人购进货物或者接受应税劳务（以下简称购进货物或应税劳务）支付或者负担的增值税额，为进项税额。

下列进项税额准予从销项税额中抵扣：

（一）从销售方取得的增值税专用发票上注明的增值税额。

（二）从海关取得的海关进口增值税专用缴款书上注明的增值税额。

（三）购进农产品，除取得增值税专用发票或者海关进口增值税专用缴款书外，按照农产品收购发票或者销售发票上注明的农产品买价和13%的扣除率计算的进项税额。进项税额计算公式：

$$进项税额＝买价×扣除率$$

（注：自2018年5月1日起调整如下：纳税人购进用于生产销售或委托加工16%税率货物的农产品，按照12%的扣除率计算进项税额。）

（四）购进或者销售货物以及在生产经营过程中支付运输费用的，按照运输费用结算单据上注明的运输费用金额和7%的扣除率计算的进项税额。进项税额计算公式：

$$进项税额＝运输费用金额×扣除率$$

准予抵扣的项目和扣除率的调整，由国务院决定（注：营改增后，能取得运输企业增值税专用发票的，按增值税专用发票所表明的税额计入进项税额）。

第十条 下列项目的进项税额不得从销项税额中抵扣：

（一）用于非增值税应税项目、免征增值税项目、集体福利或者个人消费的购进货物或者应税劳务；

（二）非正常损失的购进货物及相关的应税劳务；

（三）非正常损失的在产品、产成品所耗用的购进货物或者应税劳务；

（四）国务院财政、税务主管部门规定的纳税人自用消费品；

（五）本条第（一）项至第（四）项规定的货物的运输费用和销售免税货物的运输费用。

第十六条　纳税人兼营免税、减税项目的，应当分别核算免税、减税项目的销售额；未分别核算销售额的，不得免税、减税。

②《中华人民共和国增值税暂行条例实施细则》相关规定：

第二条　条例第一条所称货物，是指有形动产，包括电力、热力、气体在内。

第三条　条例第一条所称销售货物，是指有偿转让货物的所有权。

条例第一条所称提供加工、修理修配劳务（以下称应税劳务），是指有偿提供加工、修理修配劳务。单位或者个体工商户聘用的员工为本单位或者雇主提供加工、修理修配劳务，不包括在内。

本细则所称有偿，是指从购买方取得货币、货物或者其他经济利益。

第五条　一项销售行为如果既涉及货物又涉及非增值税应税劳务，为混合销售行为。除本细则第六条的规定外，从事货物的生产、批发或者零售的企业、企业性单位和个体工商户的混合销售行为，视为销售货物，应当缴纳增值税；其他单位和个人的混合销售行为，视为销售非增值税应税劳务，不缴纳增值税。

本条第一款所称非增值税应税劳务，是指属于应缴营业税的交通运输业、建筑业、金融保险业、邮电通信业、文化体育业、娱乐业、服务业税目征收范围的劳务。

本条第一款所称从事货物的生产、批发或者零售的企业、企业性单位和个体工商户，包括以从事货物的生产、批发或者零售为主，并兼营非增值税应税劳务的单位和个体工商户在内。

第六条 纳税人的下列混合销售行为,应当分别核算货物的销售额和非增值税应税劳务的营业额,并根据其销售货物的销售额计算缴纳增值税,非增值税应税劳务的营业额不缴纳增值税;未分别核算的,由主管税务机关核定其货物的销售额:

(一)销售自产货物并同时提供建筑业劳务的行为;

(二)财政部、国家税务总局规定的其他情形。

第七条 纳税人兼营非增值税应税项目的,应分别核算货物或者应税劳务的销售额和非增值税应税项目的营业额;未分别核算的,由主管税务机关核定货物或者应税劳务的销售额。

③ 其他服务业税目:

其他服务业包括淋浴、理发、洗染、照相、美术、裱画、誊写、打字、镌刻、计算、测试、实验、化验、录音、录像、复印、晒图、设计、制图、测绘、勘探、打包、咨询等。

(六)关键要点

(1)商业模式的创新必须支持公司的发展战略,实现公司的战略目的,创造更大的商业价值。

(2)基于公司战略,在公司实际状况的基础上,选择最适合企业的融资方式及路径,在条件不成熟时,如何创造性地设计使得条件成熟,关键是要基于融资的实际状况,了解其内外部的约束因素。

(3)起步难,要做大更难,轻资产企业面临天生的重资产较少、融资难的现实,对企业进行各种方式的创新是其发展过程中面临的必然选择。

(4)股权和债权的优势与劣势,实现条件。

分　析　篇

第四章　案例分析、题目设计与投稿指南

读者在日常的学习和工作的过程中，可以通过图文资料、网络等途径获取对象公司的财务、业务、公司架构以及公司所在行业等相关信息，这些内容往往需要在案例故事开始前作为背景介绍的内容，方便读者理解后续内容。当我们通过实地调研、访谈等方式了解到某个公司攻克其所面临的难题的经过时，这个问题的解决对于市场中的其他公司具有一定的借鉴和参考价值，或许我们就可以把整个事件通过案例写作的方式记录下来。一般而言，案例写作都是建立在一个情景之下展开的，像是讲述一个故事，将事情的始末娓娓道来。当我们是作为决策者参与了整个问题的讨论和决策时，我们可以通过第一人称的视角展开案例。而当我们并没有直接参与到问题解决的过程，仅仅作为一个事件信息收集者时，那么我们可以选择站在第三人称的角度构造情景，大致还原决策过程，力求客观公正地反映和评价问题的前因后果以及问题解决方法的利弊。

在案例写作开始之前，我们需要确定背景公司所遇到的问题涉及哪些方面，问题的根源所在，问题解决措施的出发点、可行性和创新之处，对其他企业是否有借鉴意义，从而确定案例写作的目标和重点。教学案例的写作过程中除需注意以上要点外，还要考虑与教学知识点相结合，以完成教学目标。

通常而言,一个案例事件可以选择从多个角度进行问题分析与案例撰写。为了使读者更清晰地理解案例写作,本书第二部分A、B两公司的相关案例均对案例的整体结构进行了清晰的划分:

(1) 公司背景。公司背景是对案例目标公司基本情况的一个介绍,同一家公司不同写作题材的案例在公司背景这部分是有一定的共性的,即不管从哪个角度进行撰写,一般都要对公司背景进行介绍(由于本书在案例正文前,为了方便读者理解后续案例,已经单独将 A、B 两公司的公司背景列出,为减少同一家公司不同案例间的重复内容,故而在案例正文中省略了公司和行业背景介绍的相关内容),但不同写作方向的案例为了突出写作重点,可以在公司背景这部分区分主次进行介绍。

(2) 行业背景。行业背景是对案例目标公司所处行业的主要构成部分、特征进行简要介绍,方便读者站在行业的角度,对案例目标公司所扮演的角色形成清晰的认知。一般而言,先写公司背景,首先通过对公司的背景介绍,可以了解到该公司所处的行业。此时再进一步对行业背景作出与案例内容相关联的介绍,可以使读者深入了解企业所处的外部环境,为后续的理解打下埋伏,如本书的 A 公司案例。当然,为了突出行业背景,从行业中找到特点,也可以先介绍行业背景,再介绍公司自身背景,本书中的 B 案例就是采取这种形式。

(3) 案例故事。案例故事也就是整个案例情景的构建。这一部分是基于作者撰写的角度来写的,因此角度不同,内容也就不一样,这也是整篇案例的核心内容之一。案例情景构建的形式也是多样化的,常见的有会议情景、在时事背景下发展的情景等,十分具有趣味性。这一部分是相较于传统的教学模式,最能彰显教学案例特色的部分。

（4）案例使用说明。案例使用说明是基于案例背景展开的，根据案例正文中所提供的信息以及案例背景中的问题，结合教学目标，提出相关问题，启发学生思考。

完整的案例就是由以上四个部分组成，也可根据撰写的实际需求进行适当的调整。

A、B公司面临着融资、战略、税务方面的问题，这些问题也是当今很多中小型企业所面临的主要难题，也是很多创业者在创业的初始阶段首先要考虑的问题，有效融资、战略转型和税务筹划等问题已经引起越来越多人的注意，A、B公司的案例或许可以为读者解决其他公司所面临的类似问题提供新的思路和参考。案例的写作方式有描述型或决策型。比如A公司税务的那篇案例，可以给出解答的方案与问题并计算省税的结果，即为描述型；也可以不给出具体答案，而是给出一个决策，具体的答案省税结果可以放在指导中，即为决策型。

下面主要是A、B两家公司的实际案例写作过程中的一些心得和看法。

第一节　A公司案例分析

一、A公司背景分析

对"大众创业、万众创新"来说，"专业人士"也不是天生的，而是在市场历练中培养成长的。"双创"可以促使众人的奇思妙想变为现实，涌现出更多各方面的"专业人士"，让人力资源转化为人力资本，更好地发挥我国人力资源雄厚的优势。此外，采取包括"双创"在内的各种方式,允许和鼓励全社会勇于创造,大力解放和发展生产力,有助于社会最终实现共同富裕。

当前,大众创业、万众创新的理念正日益深入人心。随着各地各部门认真贯彻落实,业界学界纷纷响应,各种新产业、新模式、新业态不断涌现,有效激发了社会活力,释放了巨大创造力,成为经济发展的一大亮点。

不过也有少数观点认为,创新创业存在一定的成本和风险,总的来说还是少数专业人士的事,不宜在全社会广泛号召动员。实际上,这种观点在理论上是经不起推敲的,在实践中也已被证明是错误的。

一方面,"双创"有助于推动我国经济结构调整、打造发展新引擎、增强发展新动力、走创新驱动发展道路。要使经济实现健康持续发展,离不开大量的市场参与者、灵活高效的调节机制和竞争有序的市场格局。无论是大众创业,还是万众创新,都少不了一个"众"字。对于中国这样一个庞大经济体而言,如果只有少数市场主体参与,显然难以满足全国统一市场的需要。许多地方经过发展认识到,"活力增长财力,人气带来财气"。推进"双创",既可以在最大范围内推动人财物等各种市场要素自由流动,更可以倒逼不合理的体制机制实现改革突破,最终提升整个经济的运行效率。

市场如果死气沉沉终究难以为继,因此,必须根据经济规律不断培育经济发展的新动力,让经济"活起来、动起来"。鲶鱼效应也好,蝴蝶效应也罢,都是通过关键环节的突破,最终带动面上的变革。我国地域辽阔、人口众多,回旋余地大,经济基础较好。

另一方面,"双创"也是践行群众路线、满足群众过上更好生活愿望的必然要求。大众创业、万众创新参与者从无到有、从小到大,是人的创造性社会实践过程。马克思、恩格斯早就提出:"思想本身根本不能实现什么东西。思想要得到实现,就要有使用实践力量的人。"毛泽东同志也指出:"人民,只有人民,才是创造世界历史的动力。"采取包括"双创"在内的各种方式,允许和鼓励全社会勇于创造,大力解放和发展生产力,有助于社会最终实现共同富裕。

一花独放不是春,百花齐放春满园。"双创"中有挑战更有机遇,既会滴下辛勤的汗水,也有望迎来丰收场景。人们如今所熟知的阿里巴巴等世界级互联网企业,也都是数年前从草根起家,不断坚持创新创业成功的。

更为难得的是,各种新兴技术尤其是"互联网+"的快速发展,已经让普通人有了更多的创新创业机会。近年来,宽带网络速度大幅提升、移动通信终端广泛普及、生产管理的自动化程度提高,众筹等新的商业形态有助于形成风险共担、利益分享机制,这让有梦想、有意愿、有能力的人有了广阔的平台施展拳脚。

"一支竹篙呀,难渡汪洋海;众人划桨哟,开动大帆船。"在全面深化改革的征途上,推进大众创业、万众创新,是中国发展的动力之源,也是富民之道、公平之计、强国之策,广阔前景值得期待。

大学生创业群体主要由在校大学生和毕业生组成,由于大学扩招引起大学生就业难等一系列问题,一部分大学生通过创业形式实现就业,这部分大学生具有高知识高学历的特点,但是由于大学生缺乏相对应的社会经验,所以需要全社会的关注和帮助。大学生创业逐渐被社会所承认和接受,同时也肩负着提高大学生毕业就业率和社会稳定等历史使命。在高校扩招之后越来越多大学生走出校门的同时,大学生创业就成了大学生就业之外的一个社会新问题。

1. 大学生创业的优势

（1）大学生往往对未来充满希望,他们有着年轻的血液、蓬勃的朝气,以及"初生牛犊不怕虎"的精神,而这些都是一个创业者应该具备的素质。

（2）大学生在学校里学到了很多理论性的东西,有着较高层次的技术优势,而目前最有前途的事业就是开办高科技企业。技术的重要性是不言而喻的,大学生创业从一开始就必定会走向高科技、高技术含量的领域,"用智力换资本"是大学生创业的特色和必然之路。一些风险投资家往往就因为看中了大学生所掌握的先进技术,而愿意对其创业计划进行资助。

（3）现代大学生有创新精神,有对传统观念和传统行业挑战的信心和欲望,而这种创新精神也往往造就了大学生创业的动力源泉,成为成功创业的精神基础。

（4）大学生创业的最大好处在于能提高自己的能力、增长经验,以及学以致用；最大的诱人之处是通过成功创业,可以实现自己的理想,证明自己的价值。

2. 大学生创业的弊端

（1）由于大学生社会经验不足,常常盲目乐观,没有充足的心理准备。对于创业中的挫折和失败,许多创业者感到十分痛苦茫然,甚至沮丧消沉。大家以前创业,看到的都是成功的例子,心态自然都是理想主义的。其实,成功的背后还有更多的失败。看到成功,也看到失败,这才是真正的市场,也只有这样,才能使年轻的创业者们变得更加理智。

（2）急于求成、缺乏市场意识及商业管理经验,是影响大学生成功创业的重要因素。学生们虽然掌握了一定的书本知识,但终究缺乏必要的实践能力和经营管理经验。此外，由于大学生对市场营销等缺乏足够的认识，很难一下子胜任企业经理人的角色。

（3）大学生对创业的理解还停留在仅有一个美妙想法与概念上。在大学生提交的相当一部分创业计划书中，许多人还试图用一个自认为很新奇的创意来吸引投资。这样的事以前在国外确实有过，但在今天这已经是几乎不可能的了。现在的投资人看重的是你的创业计划真正的技术含量有多高，在大多程度上是不可复制的，以及市场赢利的潜力有多大。而对于这些，你必须有一整套细致周密的可行性论证与实施计划，绝不是仅凭三言两语的一个主意就能让人家掏钱的。

（4）大学生的市场观念较为淡薄，不少大学生很乐于向投资人大谈自己的技术如何领先与独特，却很少涉及这些技术或产品究竟会有多大的市场空间。就算谈到市场的话题，他们也多半只会计划花钱做做广告而已，而对于诸如目标市场定位与营销手段组合这些重要方面，则全然没有概念。其实，真正能引起投资人兴趣的并不一定是那些先进得不得了的东西，相反，那些技术含量一般但却能切中市场需求的产品或服务，常常会得到投资人的青睐。同时，创业者应该有非常明确的市场营销计划，能强有力地证明赢利的可能性。

3. 大学生创业必备硬件

（1）经验。大学生长期待在校园里，对社会缺乏了解，特别在市场开拓、企业运营上，很容易陷入眼高手低、纸上谈兵的误区。因此，大学生创业前要做好充分的准备，一方面，去企业打工或实习积累相关的管理和营销经验；另一方面，积极参加创业培训，积累创业知识,接受专业指导,提高创业成功率。

(2) 资金。一项调查显示,有四成大学生认为"资金是创业的最大困难"。的确,巧妇难为无米之炊,没有资金,再好的创意也难以转化为现实的生产力。因此,资金是大学生创业要翻越的一座山,大学生要开拓思路,多渠道融资,除了银行贷款、自筹资金、民间借贷等传统途径外,还可充分利用风险投资、天使投资、创业基金等融资渠道。

(3) 技术。用智力换资本,这是大学生创业的特色之路。一些风险投资家往往就因为看中大学生所掌握的先进技术,而愿意对其创业计划进行资助。因此,打算在高科技领域创业的大学生,一定要注意技术创新,开发具有自己独立知识产权的产品,吸引投资商。

(4) 能力。大学生由于长期接受应试教育,不熟悉经营"游戏规则",技术上出类拔萃,理财、营销、沟通、管理方面的能力普遍不足。要想创业获得成功,创业者必须技术、经营两手抓。建议可从合伙创业、家庭创业或低成本的虚拟店铺开始,锻炼创业能力。

4. 大学生创业方向

(1) 高科技领域。身处高新科技前沿阵地的大学生,在这一领域创业有着近水楼台先得月的优势,"易得方舟""视美乐"等大学生创业企业的成功,就是得益于创业者的技术优势。但并非所有的大学生都适合在高科技领域创业,一般来说,技术功底深厚、学科成绩优秀的大学生才有成功的把握。有意在这一领域创业的大学生,可积极参加各类创业大赛,以获得脱颖而出的机会,同时吸引风险投资。

推荐商机:互联网衍生行业。

(2) 智力服务领域。智力是大学生创业的资本,在智力服务领域创业,大学生游刃有余。例如,家教领域就非常适合大学生创业,一方面,这是大学生勤工俭学的传统渠道,大学生在校期间便可积累丰富的经验;另一方面,大学生能够充分利用高校教育资源,更容易赚到"第一桶金"。此类智力服务创业项目成本较低,一张桌子、一部电话就可开业。

(3)连锁加盟领域。统计数据显示,在相同的经营领域,个人创业的成功率低于20%,而加盟创业的则高达80%。对创业资源十分有限的大学生来说,借助连锁加盟的品牌、技术、营销、设备优势,可以较少的投资、较低的门槛实现自主创业。但连锁加盟并非"零风险",在市场鱼龙混杂的现状下,大学生涉世不深,在选择加盟项目时更应注意规避风险。一般来说,大学生创业者资金实力较弱,适合选择启动资金不多、人手配备要求不高的加盟项目,从小本经营开始为宜;此外,最好选择运营时间在5年以上、拥有10家以上加盟店的成熟品牌。

(4)开店。大学生开店,一方面可充分利用高校的学生顾客资源;另一方面,由于熟悉同龄人的消费习惯,因此入门较为容易。正由于走"学生路线",因此要靠价廉物美来吸引顾客。此外,由于大学生资金有限,不可能选择热闹地段的店面,因此推广工作尤为重要,需要经常在校园里张贴广告或和社团联办活动,才能广为人知。

5. 大学生创业的相关风险

大学生创业者要认真分析自己创业过程中可能会遇到哪些风险,这些风险中哪些是可以控制的,哪些是不可控制的,哪些是需要极力避免的,哪些是致命的或不可管理的。一旦这些风险出现,你应该如何应对和化解。特别需要注意的是,一定要明白什么是最大的风险,最大的损失可能有多少,自己是否有能力承担并渡过难关。大学生创业的风险主要有以下几个方面：

（1）项目选择。大学生创业时如果缺乏前期市场调研和论证，只是凭自己的兴趣和想象来决定投资方向，甚至仅凭一时心血来潮做决定，一定会碰得头破血流。大学生创业者在创业初期一定要做好市场调研，在了解市场的基础上创业。一般来说，大学生创业者资金实力较弱，选择启动资金不多、人手配备要求不高的项目，从小本经营做起比较适宜。

（2）缺乏创业技能。很多大学生创业者眼高手低，当创业计划转变为实际操作时，才发现自己根本不具备解决问题的能力，这样的创业无异于纸上谈兵。一方面，大学生应去企业打工或实习，积累相关的管理和营销经验；另一方面，积极参加创业培训，积累创业知识，接受专业指导，提高创业成功率。

（3）资金风险。资金风险在创业初期会一直伴随在创业者的左右。是否有足够的资金创办企业是创业者遇到的第一个问题。企业创办起来后，就必须考虑是否有足够的资金支持企业的日常运作。对于初创企业来说，如果连续几个月入不敷出或者因为其他原因导致企业的现金流中断，都会给企业带来极大的威胁。相当多的企业会在创办初期因资金紧缺而严重影响业务的拓展，甚至错失商机而不得不关门大吉。另外，如果没有广阔的融资渠道，创业计划只能是一纸空谈。除了银行贷款、自筹资金、民间借贷等传统方式外，还可以充分利用风险投资、创业基金等融资渠道。

（4）社会资源贫乏。企业创建、市场开拓、产品推介等工作都需要调动社会资源，大学生在这方面会感到非常吃力。平时应多参加各种社会实践活动，扩大自己人际交往的范围。创业前，可以先到相关行业领域工作一段时间，通过这个平台，为自己日后的创业积累人脉。

（5）管理风险。一些大学生创业者虽然技术出类拔萃,但理财、营销、沟通、管理方面的能力普遍不足。要想创业成功,大学生创业者必须技术、经营两手抓,可从合伙创业、家庭创业或从虚拟店铺开始,锻炼创业能力,也可以聘用职业经理人负责企业的日常运作。创业失败者基本上都是管理方面出了问题,其中包括：决策随意、信息不通、理念不清、患得患失、用人不当、忽视创新、急功近利、盲目跟风、意志薄弱等。特别是大学生知识单一、经验不足、资金实力和心理素质明显不足,更会增加在管理上的风险。

（6）竞争风险。寻找蓝海是创业的良好开端,但并非所有的新创企业都能找到蓝海。更何况,蓝海也只是暂时的,所以,竞争是必然的。如何面对竞争是每个企业都要随时考虑的事,而对新创企业更是如此。如果创业者选择的行业是一个竞争非常激烈的领域,那么在创业之初极有可能受到同行的强烈排挤。一些大企业为了把小企业吞并或挤垮,常会采用低价销售的手段。对于大企业来说,由于规模效益或实力雄厚,短时间的降价并不会对它造成致命的伤害,而对初创企业则可能意味着彻底毁灭的危险。因此,考虑好如何应对来自同行的残酷竞争是创业企业生存的必要准备。

（7）团队分歧。现代企业越来越重视团队的力量。创业企业在诞生或成长过程中最主要的力量来源一般都是创业团队,一个优秀的创业团队能使创业企业迅速地发展起来。但与此同时,风险也就蕴含在其中,团队的力量越大,产生的风险也就越大。一旦创业团队的核心成员在某些问题上产生分歧不能达到统一时,极有可能会对企业造成强烈的冲击。事实上,做好团队的协作并非易事。特别是与股权、利益相关联时,初创时很多很好的伙伴都会闹得不欢而散。

（8）核心竞争力缺乏的风险。对于具有长远发展目标的创业者来说，他们的目标是不断地发展壮大企业，因此，企业是否具有自己的核心竞争力就是最主要的风险。一个依赖别人的产品或市场来打天下的企业是永远不会成长为优秀企业的。核心竞争力在创业之初可能不是最重要的问题，但要谋求长远的发展，就是最不可忽视的问题。没有核心竞争力的企业终究会被淘汰出局。

（9）人力资源流失风险。一些研发、生产或经营性企业需要面向市场，大量的高素质专业人才或业务队伍是这类企业成长的重要基础。防止专业人才及业务骨干流失应当是创业者时刻注意的问题，在那些依靠某种技术或专利创业的企业中，拥有或掌握这一关键技术的业务骨干的流失是创业失败的最主要风险源。

（10）意识上的风险。意识上的风险是创业团队最内在的风险。这种风险来自无形，却有强大的毁灭力。风险性较大的意识有：投机的心态、侥幸心理、试试看的心态、过分依赖他人、回本的心理等。

提醒：大学生创业过程中所遇到阻碍并非仅此十点，在企业发展过程，随时都将可能有灭顶之灾的风险。保持积极的心态，多学习，多汲取优秀经验，结合大学生既有的特长优势，我们相信，大学生创业的步伐，会越走越远，越走越稳。

二、战略方向

（一）正文部分

1. 问题提出

自动售货机运营商经营的传统方式主要有：① 不断招聘新的

业务员,凭借业务员的关系营销扩展市场点位;② 提高点位租金,抢夺竞争对手的原有点位;③ 通过高额的返利吸引中小运营商加盟。A公司作为初创公司,并没有足够的资本和市场上的竞争对手竞争,以上传统的营销方式并不适用于 A 公司,因此,必须改变 A 公司原来的市场战略,不能再单纯地靠人力资源来进行业务扩展,谋求战略转型。

2. 故事模拟

与 A 公司融资案例所设计的会议情景不同,战略方向的案例是在大学生创业这一大背景下展开的,同时加入了"大众创业、万众创新"的相关信息。之所以这样选择,主要是由于 A 公司的战略转型涉及多个方面,通过会议的形式介绍未免显得冗长单调。而通过大学生创业者的角度思考 A 公司的战略转型问题,以初创者的视角引导读者,更容易引发读者的共鸣。案例中所描述的 A 公司战略转型的举措均是基于对 A 公司实地考察所获取的信息,这部分信息没有在 A 公司背景部分进行介绍,特此说明。案例正文最后所加附录的目的在于完善案例正文内容,帮助读者更好地理解案例。

A 公司所面临的战略转型问题同样需要解决融资难问题,因此本案例在介绍 A 公司战略转型的举措时也概述了 A 公司解决融资难问题的多赢商业模式。这就启发案例的写作者在获取案例写作素材的时候,尝试通过不同的角度思考问题,基于原有的已知信息,进行创新和突破的探索,不断丰富案例写作的思路,激发更多的思想碰撞。

3. 问题所涉及(涵盖)的内容分析

通过实地调研、访谈等方式获取 A 公司所面临的经营方面的问题,并客观地在案例中进行描述。考虑 A 公司是初创企业,市场营销成为战略转型实施过程中的一个重要环节,因此本篇案例中将STP、4P等常见的市场营销理论知识融入到案例正文和案例使用说明中的问题设计里。

4. 问题解答或解决方案

由于A公司的战略转型涉及方面较多,如融资、对外合作、自身业务转型等,层次较多的内容在特定的情景下展开会稍显混乱,因此本篇案例直接客观地叙述了A公司所采取的战略转型举措,没有对这些方法进行评价。

(二)教学指导部分

(1) 共性理论部分:针对本案例拟体现的战略管理理论简单提炼。

(2) 具体或个性理论部分:提炼出案例问题描述所反映的理论问题。

(3) 问题:问3~5个问题,其中理论部分可以在共性或具体理论中对应,运用部分则在正文问题描述时可以找到。本篇案例将A公司如何在二线市场上推广自身品牌即如何进行市场营销作为学生讨论的重点,帮助学生理解市场渗透和市场拓展的理论原理,引导学生思考A公司的市场战略选择和推广策略,来为A公司在二线城市推广品牌提出建议。

(4) 教学安排:案例使用者可根据实际情况进行调整。

三、融资方向

(一)正文部分

1. 问题提出

自动售货机运营商A公司由于资金短缺面临着以下问题:

① 在传统的业务员关系营销的模式下，需要不断招聘新的业务员以维持市场点位扩展的速度，而 A 公司缺乏资金来招聘新员工，因此 A 公司在此营销模式下市场点位扩展效率低下；② A 公司的竞争对手资金力量雄厚，通过提高点位租金的方式挤占 A 公司的市场；③ 自动售货机不断更新换代，随着点位的扩张，需要不断补充新的机器，这些都需要大量的资金支持。由此，A 公司必须谋求实现有效融资，否则整个公司的发展岌岌可危。

2. 故事模拟

由于教学案例不能直接把问题明显地提出来，而是要通过故事模拟出来，此时可以模拟故事。但要注意的是，教学案例的故事情节模拟需要基于实地访谈获得的信息进行，不可空想。下面提出供参考的两种故事的构思：

故事一：老板看到市场报告或财务报告（内部某件事情触发），发现目前公司的业绩并不理想，比如说业绩下降，某某核心业务员提出辞职等，进而引出文章后续要展开的讨论。于是求助专家，分析资金短缺对 A 公司造成的内外困扰，谋求能够切实解决问题的方法。

故事二：老板看到某件外部事件或新闻报告（外部某件事情触发），发现竞争对手取得高额投资，比较发现自身目前停滞不前的经营状态，下定决心要重整旗鼓，于是召开会议，展开讨论。

本融资方向的案例采取了故事二的构思，在公司全体会议的情景下，一步步地推进整个案例的发展：李总发问："为何公司业绩不理想？"——会议讨论，发现资金短缺是问题根源所在——财务刘总监分析无法采用普通融资方式的原因——员工小徐提出融资新方案——与会人员讨论该方案的可行性——绘制商业报告，详细阐释 A 公司的多赢商业模型。本案例构思的一个创新之处是融入了"大众创业、万众创新"这一时代背景,使得整篇案例的建立更符合当下社会热点,增加了案例的新颖性,更能激发读者的阅读兴趣,这也是和本案例中 A 公司借助小型初创企业实现融资相契合的。

公司会议情景的好处是可以通过参会决策者的发言详细地介绍公司面临的问题,结合公司的实际情况,分析公司可选方案的可行性,顺理成章地引出最优方案,同时使读者产生身临其境的感觉,实现从事件的旁观者到参与者的角色转换。这样的写作方式使得案例的读者可以更好地融入案例背景,通过生动形象、言简意赅的文字获得轻松的阅读体验,随着案例中会议的发展,发散自己的思维,层层递进、剥茧抽丝,获取有效信息,加深自己对案例的理解。

3. 问题所涉及(涵盖)的内容分析

客观描述 A 公司所面临问题的现状,注意是客观描述而不是主观分析,在描述的过程中要隐含一些理论问题(这些理论问题用于在教学指导中作分析)。

4. 问题解答或解决方案

该部分非必需,可以有两种情况:

一是问题式,即此部分不在案例中体现,就只是提出一个问题,然后由读者去思考;

二是解答式,即公司拟采取或决定采取的战略,注意只是客观描述,而不需要去评价。

本融资案例采用的是问题式,在案例最后通过商业报告的方式留下悬念,并没有给出具体的解决方案,仅仅提出 A 公司融资模式方案的构思,而是在案例使用说明中作为问题提出来,引导学生思考 A 公司多赢商业模式的运行框架、风险评估和防范、可行性分析。

(二) 教学指导部分

(1) 共性理论部分：针对本案例拟体现的融资理论简单提炼。

(2) 具体或个性理论部分：提炼出案例问题描述所反映的理论问题。

(3) 问题：问 3~5 个问题，其中理论部分可以在共性或具体理论中对应，运用部分则在正文问题描述时可以找到。本篇案例将 A 公司多赢商业模式的创新点作为问题讨论的重点，引发学生发散性地思考，使学生不仅仅局限于案例正文中的相关阐述，更进一步地剖析 A 公司新型商业模式。

(4) 教学安排：这部分内容大部分是相同的，讲述者可以自行据实调整。

四、税务方向

(一) 正文部分

1. 问题提出

A 公司作为自动售货机运营商初创企业，目前仍处于亏损的状态，然而却依旧需要缴纳巨额的企业所得税。这究竟是为什么呢？A 公司如何进行合理的税收筹划呢？

2. 故事模拟

本篇案例通过 A 公司李总、财务刘总监和从事税务工作的校友方先生间的对话展开整个案例情景，在方先生的分析和规划下，带领读者了解 A 公司业绩亏损却依然需要缴纳巨额企业所得税的原因，并制定符合 A 公司自身情况的税收筹划。

3. 问题所涉及（涵盖）的内容分析

案例通过对比 A 公司的会计报表和税收报表，分析 A 公司面临的税收问题的根源所在，即 A 公司支付的场地租金或使用费无法获得有效的发票凭证。案例在阐述问题的过程中，补充相关政策信息，便于读者理解后续的方案设计和计算过程。

4. 问题解答或解决方案

本案例正文中已经通过虚拟的数据，给出 A 公司税收筹划意见，并通过表格和计算给出了预计的税收筹划效果，即通过成立新公司的方式，降低主营业务收入和销售、管理费用，维持主营业务成本不变，最终降低了 A 公司企业所得税和增值税应纳税额。

（二）教学指导部分

（1）共性理论部分：针对本案例拟体现的战略管理理论简单提炼。

（2）具体或个性理论部分：提炼出案例问题描述所反映的理论问题。

（3）问题：提出 3～5 个问题，本案例的问题主要围绕税收筹划这一主题，涉及一些计算题，通过数字计算更加简洁明确地呈现税收筹划的实施效果。

（4）教学安排：可根据实际使用情况灵活调整。

第二节　B 公司案例分析

一、B 公司背景分析

B 公司是家电设计公司，主要从事家电设计工作，快速发展两年后进入瓶颈期，B 公司需要获得足够的资金支持实施战略转型，

结合整个家电设计行业的发展背景,将 B 公司的背景信息依据 SWOT 模型归纳为以下四个方面:

优势:B 公司成立于 2012 年,成立时间早,与市场中的后入者相比,拥有丰富的市场营销经验,积攒了丰厚的人脉资源和市场资源。B 公司在经历了快速发展之后,在专业专精、高效管理、市场洞察等方面具有明显的竞争优势。

劣势:与主要竞争对手甲公司相比,B 公司的发展速率较慢,市场占有率增长速度减缓;B 公司给予员工的薪水较少,尤其是对于高级技术人员的薪资在行业中相对较低。技术人员因此纷纷跳槽,削弱了公司的核心竞争力。B 公司的融资渠道狭窄,主要以内部筹资为主。无法从外界获得更多的资金,使得公司难以进一步扩大发展。与相似规模企业相比,B 公司员工数量少,现有员工专业素质和个人能力水平较低,单个员工创造的收益低。

机遇:我国家电制造业目前处于产能过剩阶段,面临洗牌的各大品牌商都在向着高端方向转型,市场对高端产品的需求呈现高速增长态势,这会带来更多的设计需求。国家对家电产品在环保方面要求的力度加大,因此各大品牌商纷纷对产品能耗方面进行升级改造,这意味着市场对拥有低能耗特性的产品设计需求会增加。

挑战:国内大型家电企业已经着手构建自己的设计部门,与此同时,越来越多的国外知名设计企业在上海建立分公司,这些企业财力雄厚,给予员工的工资待遇较高,有可能挖走公司现有技术人员,造成人才流失。国内外资企业数量逐渐增多,其设计的产品更加符合国际化的要求,加剧市场竞争。甲公司近年来发展势头迅猛,市场占有率已超过了 B 公司,近期又通过引进长期战略投资者获得了大量的投资,增加了B公司面临的竞争压力。

从以上对B公司的背景分析我们必须要明确B公司的市场定位,B公司想要突破目前的发展困境,无疑需要更多的资金支持,实施战略转型迫在眉睫,从这两个相互关联的焦点问题,突出不同的侧重点,我们选择了从融资和战略的角度来进行案例的撰写工作,其中涉及融资理论、商业价值链分析、战略投资分析、风险分析以及绩效考核体系的理论知识。案例的写作可以用作教学目的,强调学生对理论知识的运用,同时,又能够引导学生结合企业实际,为其他公司解决类似的问题提供可以借鉴的思路。

二、B公司战略转型

本篇案例与前面的融资方向的案例传达的信息基本一致,为了使案例的表达效果更加真实、丰富,在案例正文的叙述部分,这篇战略转型的案例采取了直接引用的方式,通过人物对话的方式来展开案例的发展过程,使得案例的故事可读性更强,公司的发展问题更突出,战略转型显得紧迫重要。

在案例的问题设计方面,引导学生了解B公司目前的经营现状以及所处的战略位置,分别制定B公司的短、中、长期战略目标。学生需要对B公司采用新的商业模式创新的融资方案进行可行性分析,同时对B公司的商业模式进行横向价值链对比分析,即分析不同商业模式下资源在价值活动中的分布对企业竞争力的影响,并通过价值链分析来协助公司做出能够创造最优价值的决策。随后,学生需要结合B公司新的商业模式中的业务流程,基于ERM框架理论,分析其在运行中可能存在的固有风险,并提出相应的风险反应。分析流程中需要包括的内容有:① 公司战略的描述;

② 固有风险分析与相关的风险反应——与原材料供应商、委托加工厂相关的风险及风险反应，财务风险及风险反应。最后，学生需要针对 B 公司的新的商业模式，根据平衡记分卡的基本概念，设计一套关键绩效指标（KPIs）和与之相关的关键的度量指标，为 B 公司实现战略目标提供管理帮助。

三、B 公司融资方向

B 公司案例的撰写是基于真实发生的事件，B 公司的解决方案也取得了可观的实际效果。作者曾参与到 B 公司的相关决策会议，并提出了基于商业模式创新的融资决策，在确定写案例之前，作者就对 B 公司的商业模式有了一个整体的认知，明确 B 公司发展的局限所在，融资问题刻不容缓，必须从多方面考虑。

首先，设计一个展开案例的背景。在撰写这篇案例的时候，采取了第三人称的方式展开介绍，以客观的描述来介绍 B 公司的成立时间、公司现状、发展困境，让读者有一个全面的认知，最后突出矛盾问题：公司需要突破发展困境，立足家电设计行业，扩大竞争力，必须获得足够的资金支持。

在案例背景的写作部分，介绍 B 公司的内忧外患时，从不同的管理层角色定位角度出发，阐释出各自的观点。这样的写作方式相对于单一的陈述，使得案例的效果更加立体，读者可以更好地融入案例背景，同时通过展开的问题代入能引导读者发散自己的思维，思考解决融资困境的方法。

在案例正文的结构设计方面，侧重于突出融资问题的焦点，在案例正文中对各种可能进行分析讨论，强调将理论知识用于解决实际问题，随着主导问题层层展开，推进整个案例故事的写作发展:经过一系列的融资尝试后,最终通过商业模式革新的大胆创新,通过信用贷款的方式,公司获得了足额的资金支持。

在案例的问题设计方面,重点考察融资理论、财务会计的收入定义等理论知识,对案例进行了进一步分析,让学生对公司的融资决策问题有更加深刻的认识和学习。

第三节 教学案例题目的设计

题目是案例传神达意的眼睛,好的题目能够激发学生阅读的兴趣。好的题目既是读者的向导,启迪学生的积极思维,同时也彰显了整篇案例的质量。案例题目的设计应注意以下几点:

一、题目设计吸人眼球

可引用近期的时事热点,或者设计一个悬念,比如 A 公司的相关案例便使用了"别样天地""另辟蹊径"这样的激发学生好奇心的词语,引导着学生阅读案例去解答案例题目留下的悬念。有些案例题目引用了古诗词或者当下的流行语,这也是一种别出心裁的设计方案。

在确定案例写作题目时,我们应当考虑案例题目的选择,正如文学写作一样,案例题目应当具有画龙点睛的作用。从案例题目的具体形式来看,概括来说共有四类:隐喻式,拟人化,谐音式,巧用古诗文、流行语等。我们以第一篇 A 公司的案例写作来看,在融资方向来看,案例题目命名为"A 公司:另辟蹊径的融资之路",能够很好地激发读者的阅读兴趣,从一开始就抓住读者的眼球,避免开篇会计/财务案例给人的枯燥感觉。在引言部分,利用精练的语言概括了 A 公司发展现状以及所面临的问题,读者在较短的时间内捕捉到案例的关键信息——"担保贷款""融资模式",让读者能够在接下来的正文阅读中,带着对 A 公司融资方式的好奇去探索,去发问,这样的一个题目就是画龙点睛之笔。

在 A 公司战略方向的题目选取中,重点在探索"战略转型""万众创新",如果直接基于主题命名,则会显得缺乏创新性,在拟定题目时,我们选用"别样天地"四个字捕捉读者眼球,激发读者的好奇心。题目中"大学生创业"点明了案例的主体人物,而"自动售货机行业"则点明了案例所在的行业,给了读者很好的阅读指引,这种题目相对于普通的战略转型案例的题目算是别出心裁了。

然而,这也并不是鼓励案例写作者以吸引读者的眼球为主要目的,好的题目一定是既能概括主题又能在此基础上创新的。

二、案例题目契合内容

案例题目对整篇案例起着非常重要的导向作用,案例题目应反映出整个案例的主体内容,便于使用者进行辨别和选择。

相较于 A 公司的案例题目,B 公司的案例题目命名则更加标准化,其突出的亮点在对全文内容的概括上,这有利于读者对整体内容的把握。以 B 公司融资方向的案例来看,"基于商业模式创新的融资决策",该题目点明了案例的主体方向,即讨论公司的融资问题,同时,基于商业模式创新又点出了融资的办法。这种题目在接下来的阅读中给读者起到了很好的导向作用,让读者在阅读的过程中思路更加清晰,在后面的案例题目设计中,我们也能对内容主体,以及理论知识的设计分析有更进一步的联系,教学目的也会得到进一步深化。这样具有高度概括、思维导向性的题目也不失为一个好题目。

三、案例题目长短适中

题目太长略显冗长,太短则概括性不够。这主要是指案例题目在满足前两部分的设计要求后,对案例的整体题目提出的基本要求,即对一篇案例的题目字数的要求。如果案例题目的字数少于 8 个字,则容易出现案例的关键信息概括不够的问题,如果案例题目的名字超过 15 个字,则会显得题目过长,过于累赘。

第四节　案例投稿指南

基于已有案例入库经验,总结来说,投稿所需材料主要包括案例正文、使用说明、企业授权书、作者授权书四部分。当然每个案例库对入库案例的具体要求并不完全一致。本文以大连理工大学的中国管理案例共享中心入库所需材料为例,其主要材料内容如下:

一、案例正文

基于前文中对案例写作方法的介绍,在案例正文中应当包括案例名称、内容提要及关键词、引言、案例的相关背景介绍、主题内容、结尾、脚注、图表、附录等,同时还需要标注作者的姓名、单位等。

二、案例使用说明

案例使用说明结构中,要包括教学目的与用途,启发思考题,理论依据与分析,背景信息,关键要点,课堂的建议计划,案例的后续进展,相关附件及其他材料。

三、企业授权书

案例授权书

全国工商管理专业学位研究生教育指导委员会:

  由_____大学_____学院_____老师撰写(_____指导)的案例:《_____》是在对我公司有关人员采访的基础上完成的,符合企业实际情况或经过适当修饰,特授权全国 MBA 教育指导委员会以任何形式(非商业目的)使用及发表。

企业负责人:(负责人签章)
企业名称:(企业公章)
年　月　日

四、作者授权书

作者授权书

中国管理案例共享中心:

  本人同意案例_____被中国管理案例共享中心案例库收录。

  本人郑重地作如下声明:

1. 该案例为作者原创,未公开发表,没有一稿多投。

2. 该案例所有引用资料均注明出处,不涉及保密、知识产权的侵权等问题,对于署名无异议。

3. 该案例被中国管理案例共享中心案例库收录后:

(1) 作者享有案例的署名权、修改权、改编权,中国管理案例共享中心享有并有权同意第三方享有以下权利:

案例的复制权、修改权、发表权、发行权、信息网络传播权、改编权、汇编权和翻译权。

拥有代表本人与其他机构或个人进行案例交换、贩卖、出版等商务谈判、合作的权利。

(2) 未经中国管理案例共享中心同意,本人不得授权第三方使用该案例。

本授权书要求第一作者签字确认,并对各项承诺负全责。

本授权书所涉及事项对该案例全体作者具有约束力。

第一作者签名:(手签)

年　月　日

参考文献

[1] 殷.案例研究：设计与方法[M].周海涛,主译.重庆：重庆大学出版社,2004.

[2] AGRANOFF R, RADIN B A. The comparative case study approach in public administration [J]. Research in Public Administration, 1991, 1: 203-231.

[3] BOYATZIS R E. Transforming qualitative information: Thematic analysis and code development [M]. SAGE Publications, Inc., 1998.

[4] DERTHICK M. New towns in-town: why a federal program failed. Washington, D.C.: Urban Institute Press, 1972.

[5] 波萨瓦茨,凯里.项目评估：方法与案例[M].于忠江,译.重庆：重庆大学出版社,2014.